KB002236

구겨진 나를 쫙 펴주는 루틴 100가지

HEKOMANAI 100 NO SYUKAN
by Takahumi Kudo
Illustrated by Emiko Koike

Original Japanese language edition published by WAVE PUBLISHERS CO.,LTD.
Korean translation rights arranged with WAVE PUBLISHERS CO.,LTD.
through Lanka Creative Partners co., Ltd., Tokyo and Duran Kim Agency

삶을 효과적으로 변화시키는 루틴의 힘

구겨진 나를 짝 펴주는 루틴 100가지

구도 다카후미 지음 | 고이케 에미코 그림 | 서수지 옮김

미래문화사 MIRAE

머리말

요즘 들어 우리 병원에는 정신 건강 문제나 마음의 병으로 인해 몸에 이상이 발생하는 심신증(Psychosomatic Disease) 증상을 호소하는 여성 환자가 부쩍 늘었다.

병원을 찾는 환자들에게 딱 떨어지는 병명을 알려줄 수 없어 답답하게 만들 때도 있다.

"선생님, 사는 게 왜 이렇게 힘들까요? 힘들지 않은 순간이 없어요."

"의욕이 하나도 없어요."

"불안해서 미칠 것 같아요."

"짜증이 사라지질 않아요."

병원을 찾는 환자들이 호소하는 구체적인 증상들이다.

이 같은 증상의 배경에는 다양한 원인이 있다.

막연한 미래에 대한 불안, 일상생활이나 인간관계에서 오는 스트레스 등 사람에 따라 원인도 각양각색이다.

그러나 이러한 증상을 호소하는 환자들에게서 찾을 수 있는 공통점이 있다. 바로 '폭발하기 직전까지 참는 습관'이다.

본인은 한계에 도달할 때까지 참고 있다는 자각을 전혀 하지 못하더라도, 몸과 마음이 비명을 내지른다. 자신도 모르는 사이에 스트레스를 잔뜩 받아 몸과 마음에 이런저런 증상이 나타나는 것이다. 특별히 아픈 데가 없는데도 이상하게 머리가 멍하고 몸이 찌뿌둥하다. 이런 상태가 오래가면서 피로가 일상이 된 느낌이다.

가슴을 짓누르는 답답함, 어디 하소연할 데도 없는 불안감에 짓눌려 숨쉬기조차 힘들다는 사람도 많다.

'사는 게 다 그렇지 뭐. 나만 힘들겠어? 다들 비슷비슷하게 살잖아. 힘들다고 하소연해 봤자 들어주는 사람만 더 답답하지.'

오늘도 혼자 끙끙대며 마음의 부대낌을 꾹꾹 눌러 안으로 삭인다. 책임감이 강한 사람일수록 뭔가 이상하다는 생각을 떨쳐내기 위해 이를 악물고 버티느라 몸과 마음에 병이 더 잘 생길 수 있다.

자, 이제 당신의 하루를 돌아보자.

요즘 들어 이상하게 힘들고 부쩍 몸 상태가 좋지 않다는 느낌이 드는가? 머리가 터지도록 생각하는데 답은 안 나오고 언제나 같은 자리를 뱅뱅 맴도는 것처럼 느껴지는가? 이렇게 몸과 마음이 앞으로 나아가지 못하고 제자리걸음 한다는 느낌이 들 때 당신은 어떻게 반응하는가? 무언가를 바꾸거나 다른 일에 도전함으로써 답답한 상황을 개선하려고 노력해 본 적이 있는지 생각해 보자. 상황을 개선할 노력은커녕 밥 한술 뜰 의욕조차 없다면 심각하다. 뭔가 당신의 모습과 비슷하다고 생각된다면, 이 책을 읽고 오늘부터 꼬깃꼬깃해진 몸과 마음의 주름을 펴는 루틴을 하나씩 하나씩 실천해 보자.

다른 사람을 직접 만날 기회가 줄어드는 요즘 같은 시기일수록 '자신'에 관해 생각하는 시간이 더 중요하다.

'내가 그렇지 뭐', '불안해서 머리가 터질 것 같아', '짜증이 멈추지 않아'……. 이렇게 불안정한 마음 상태가 계속되면 당연히 몸도 영향을 받을 수밖에 없다.

무엇보다 지금 자신의 상태를 '자각'하는 과정이 중요하다.

그리고 사고와 행동의 나쁜 습관을 바른 습관으로 바꾸어야 한다.

마음의 병으로 몸과 일상에 영향을 받는 분들에게 도움이 되길 바라며 이 책을 썼다.

이 책에서는 자신을 깊이 생각하고 돌아보는 과정에 필요한, 그러나 누구나 쉽게 시도해 볼 수 있는 100가지 행동을 소개한다.

습관은 반복할 때 큰 힘을 발휘한다.

"습관이 바뀌면 인격이 바뀐다. 인격이 바뀌면 운명이 바뀐다!"

미국 심리학자 윌리엄 제임스가 이런 말을 남겼다.

지금 자신의 상태를 객관적으로 살펴보자. 그리고 습관을 바꿈으로써 어떠한 상황에서도 무너지지 않도록 '마음의 주름을 반듯하게' 펴 보자. 습관의 힘을 활용하면 인생을 원하는 방향으로 펼쳐나갈 수 있다.

언제 어디서든 가벼운 마음으로 원하는 부분을 펼쳐 한 가지씩 읽어 보길 바란다. 고이케 에미코 씨의 환상적인 삽화가 당신에게 치유의 기운을 불어넣어 주리라 믿는다. 마음에 드는 곳을 찾아 팔랑팔랑 책장을 넘겨 보자.

자율신경(교감신경 · 부교감신경)

내장 운동과 체온 조절 등의 기능을 관장해 본인의 의사와는 무관하게 24시간 작동하는 신경이다. 낮 시간대나 몸을 움직이며 활동하는 동안 활발해지는 '교감신경'과 야간이나 휴식을 취할 때 활발해지는 '부교감신경' 두 가지 종류가 있다. '교감신경'이 우위에 오면 혈압이 상승하는 등의 신체 증상이 나타나며 심신이 흥분 상태에 들어간다. 반대로 '부교감신경'이 강하게 작용하면 혈압이 내려가거나 심박 수가 줄어들며 심신이 휴식 상태에 접어든다. 교감신경과 부교감신경이 적절한 균형을 이루며 작동하는 덕분에 건강을 유지할 수 있다.

면역

외부에서 침입한 세균과 바이러스 등을 감시하거나 퇴치하는 자기방어 시스템이다. 면역 시스템은 매우 정교하게 이루어져 있는데, 이 시스템이 무너진다면 바로 병에 걸릴 수 있다. 면역력(외부에서 들어온 병원균에 저항하는 힘)이 떨어지면 세균과 바이러스가 일으키는 감염병 등에 취약해질 수 있다. 또 피부 질환이나 알레르기 증상, 설사, 피로 등의 증상이 나타날 수 있다.

세로토닌

마음의 균형을 잡아주는 작용을 하는 호르몬으로, '행복 호르몬'이라고도 불린다. '세로토닌'이 정상적으로 분비되면 다른 신경 전달 물질의 폭주를 억제해 평상심을 유지할 수 있다.
또 '수면 호르몬'이라 일컬어지는 '멜라토닌'의 원료로 사용되어 양질의 수면에 꼭 필요한 존재다. '세로토닌'이 부족하면 초조함을 느끼거나 기분이 우울해질 수 있다.

도파민

기쁘거나 좋은 일이 생기면 분비되는 호르몬으로, '의욕 호르몬'이라는 별명으로 알려져 있다. '도파민'이 분비되면 의욕이 샘솟으며 긍정적인 기분이 들어 진취적인 마음가짐으로 매사에 임할 수 있다. 중독성이 있어 '뇌에 허락된 마약'이라는 수식어가 붙기도 하는 호르몬이다.

옥시토신

'세로토닌'과 마찬가지로 마음을 안정시키는 호르몬으로, '치유 호르몬' 역할을 한다. 피부 접촉 등 사람과 사람 사이의 친밀한 접촉과 소통을 통해 분비된다. 친밀감을 느끼는 사람이 어루만지는 손길로 옥시토신이 분비되면 행복한 기분을 느낄 수 있다.

코르티솔

몸과 마음이 스트레스에 노출되면 급격히 분비량이 증가하는 호르몬으로, 대표적인 '스트레스 호르몬'이다. 장시간 스트레스를 받으면 우리 뇌의 '해마'가 위축되는 증상이 나타난다는 사실이 연구를 통해 밝혀졌다. 스트레스는 이처럼 우리 몸에도 영향을 미친다. 중요한 프레젠테이션처럼 긴장하는 상황에서는 코르티솔 수치가 10~20분 동안 2~3배까지 상승한다.

목차

머리말 • 4

책에 나오는 용어 해설 • 8

루틴 1

힘들지 않은 순간이 없어

1. 휴일에도 평일과 같은 시간에 일어난다 • 22
2. 아침, 우유 한 잔을 마셔 보자! • 24
3. 아침을 빵 한 조각으로 때우지 않는다 • 26
4. 어쨌든 몸을 움직여 보자! • 28
5. 아침, 가벼운 운동을 한다 • 30
6. 청량음료를 피한다 • 32
7. 입이 심심할 때 먹는 군것질 과자를 끊는다 • 34
8. 식사 횟수를 줄이지 않는다 • 36
9. 장내 환경을 개선한다 • 38
10. 튀긴 음식을 줄인다 • 40
11. 저녁에는 닭 가슴살이 최고의 반찬이다 • 42
12. 좋아하는 일을 글로 적는다 • 44
13. 30분 정도 바짝 몰아서 운동한다 • 46
14. 저녁은 잠자리에 들기 3시간 전까지 마친다 • 48
15. 자기 전에는 스마트폰을 만지작거리지 않는다 • 50
16. 잠들기 두 시간 전까지 입욕을 마친다 • 52
17. 두피를 마사지한다 • 54
18. 찬물에 우린 녹차를 마신다 • 56
19. 온도 차를 줄인다 • 58

루틴 2

이상하게 컨디션이 별로야

20. 음료에 얼음을 넣지 않는다 • 62
21. 매일 5분씩 스트레칭을 한다 • 64
22. 억지로라도 웃는다 • 66
23. 수면 시간은 7시간을 유지한다 • 68
24. 수분 섭취는 현명하게 • 70
25. 과일을 줄인다 • 72
26. 말린 표고버섯을 자주 챙겨 먹는다 • 74
27. 혈액 순환 개선을 위해 몸을 따뜻하게 해 준다 • 76
28. 녹차를 즐기면 자다가도 떡이 생긴다 • 78
29. 몸이 찌뿌둥하면 물을 마신다 • 80
30. 몸을 꽉 조이지 않는 옷을 입는다 • 82

내가 그렇지 뭐

31. '내 생각이었어', '내가 선택했어'라고 생각한다 • 86
32. 사흘에 한 번은 등 푸른 생선을 먹는다 • 88
33. 따뜻한 색조를 바라본다 • 90
34. 온종일 빈둥빈둥 누워서 뒹굴어도 후회하지 않는다 • 92
35. 실수를 성장의 밑거름으로 삼는다 • 94
36. 계단을 오르내린다 • 96
37. 전화, 이메일, SNS는 내 속도에 맞춘다 • 98
38. 참는 게 약이라고 생각하지 않는다 • 100
39. 다른 사람을 돕는다 • 102
40. 긍정적인 감정을 소리 내어 말한다 • 104
41. 정해진 일은 야무지게 끝내고 반성은 나중에 • 106
42. 완벽주의를 버린다 • 108
43. 무슨 일이든 자신과 연관 짓지 않는다 • 110

루틴 4

뭘 해도 의욕이 없어

44. 자고 일어나면 커튼을 열어 아침 햇볕을 듬뿍 맞는다 • 114
45. 1분 명상으로 긴장을 이완한다 • 116
46. 30분가량 낮잠을 잔다 • 118
47. GI 수치가 낮은 탄수화물을 섭취한다 • 120
48. 간식을 똑똑하게 활용한다 • 122
49. 대두 식품을 섭취한다 • 124
50. MCT 오일을 섭취한다 • 126
51. 푸른색을 바라본다 • 128
52. 제한 시간을 정한 후 몰입한다 • 130
53. 날씨가 끄물끄물한 날에는 밝은색 옷을 고른다 • 132
54. 지금 하는 일에 의식을 집중한다 • 134
55. 머리가 아니라 손을 움직인다 • 136
56. 일단 자리에서 일어난다 • 138
57. 자주 사용하는 물건은 정기적으로 새로 장만한다 • 140
58. 알람을 사용한다 • 142
59. 평소와 다른 일을 적극적으로 시도해 본다 • 144
60. 멍하게 있는 자신의 상태를 점검한다 • 146
61. 매일 사진 한 장을 찍는다 • 148
62. 쑥스러워하지 말고 자신을 칭찬해 주자 • 150

루틴
5

자꾸 기분이 가라앉아

63. 몸을 따듯하게 한다 • 154
64. 입꼬리를 올린다 • 156
65. 스마트폰을 멀리하는 시간을 정한다 • 158
66. 온전히 나를 위한 시간을 마련한다 • 160
67. 한 번쯤 자기혐오에 푹 빠져 본다 • 162
68. 실컷 운다 • 164
69. 우울에도 '마감 기한'을 정한다 • 166
70. 작은 생명을 바라본다 • 168
71. 우중충한 뉴스와 거리를 둔다 • 170
72. 팔이나 얼굴을 가만히 쓰다듬는다 • 172
73. 좋지 않은 일은 꼬리에 꼬리를 물고 일어난다고
생각하지 않는다 • 174

루틴 6

사는 게 불안해

74. 손발을 따뜻하게 한다 • 178
75. 죽은 척한다 • 180
76. 꼭꼭 씹어 먹는다 • 182
77. 마음에 들지 않는 일을 종이에 써서 박박 찢어 버린다 • 184
78. 내일 입을 옷을 정해 둔다 • 186
79. 불안을 객관적으로 바라보고 받아들인다 • 188
80. 일부러 관계없는 일을 한다 • 190
81. 걱정거리는 '걱정 상자'에 담아 둔다 • 192
82. 나는 외톨이가 아니라고 의식한다 • 194
83. 내가 가진 것을 확인한다 • 196
84. 발을 탕탕 굴러 본다 • 198
85. 스트레스는 하나보다 여럿이 낫다 • 200

루틴 7

짜증나고 초조해

86. 수시로 바깥 경치를 본다 • 204
87. 하루 3분씩 복식 호흡을 한다 • 206
88. 노래를 부른다 • 208
89. 몸에 불끈 힘을 줬다가 스르르 뺀다 • 210
90. 호흡에 의식을 집중한다 • 212
91. 대추야자를 챙겨 먹는다 • 214
92. 자세를 바로잡는다 • 216
93. 한숨을 깊은 호흡으로 • 218
94. 비교하지 않고 평가하지 않는다 • 220
95. 수분이 부족해지지 않도록 틈틈이 물을 섭취한다 • 222
96. 잠자리에 들기 전에 나를 칭찬한다 • 224
97. 일단 조용히 심호흡을 한다 • 226
98. 내가 만들어낸 일이라고 생각한다 • 228
99. 아침에 일어나서 30분에서 1시간 정도 산책한다 • 230
100. 천천히 이야기한다 • 232

맺음말 • 234
참고문헌·인터넷 사이트 • 238

루틴 1

힘들지 않은 순간이 없어

1 휴일에도 평일과 같은 시간에 일어난다

'피로가 쌓였으니까 실컷 자서 피로를 풀자.'

'주말에는 출근도 안 하니까 늦잠이나 자야지.'

늦잠을 자거나 주말에 몰아서 자는 습관이 오히려 만성 피로가 생길 수 있다는 사실을 알고 나면 주말 달콤한 늦잠의 유혹을 뿌리칠 의지가 조금은 솟아나지 않을까?

우리 몸에는 '시계 유전자'라 부르는 '체내시계'가 장착되어 있어서 이 체내시계의 리듬이 흐트러지면 피로를 느끼게 된다. 피로를 풀고 떨어진 기력을 충전하려고 주말에 늦잠을 자거나 몰아서 잤는데도 오히려 피로가 쌓인다면 잠으로 보낸 시간만 아까울 뿐이다. 이렇게 틀어진 체내시계는 바삭바삭한 햇살로 바로 잡아 보자. 아침에 일어나서 아침 햇빛을 듬뿍 받으면 체내시계가 제 리듬을 찾아가며 건강한 하루를 보낼 수 있다. 체내시계가 잘못 맞추어진 상태로 오래 지내면 수면 장애나 비만, 우울증 등의 증상이 발생하기도 한다.

휴일만이라도 맨발에 닿는 보드라운 이불의 감촉을 즐기고픈 마음은 잘 안다. 하지만 그럴수록 이불을 박차고 일어나라. 늦잠은 피로와 후회라는 대가를 치러야 하지만, 휴일에도 평일과 같은 루틴으로 기상해 아침 해를 맞이하면 한 주를 상쾌한 기분으로 맞이할 수 있다. 이번 주말만이라도 늦잠 대신 자발적 아침형 인간이 되어 보자.

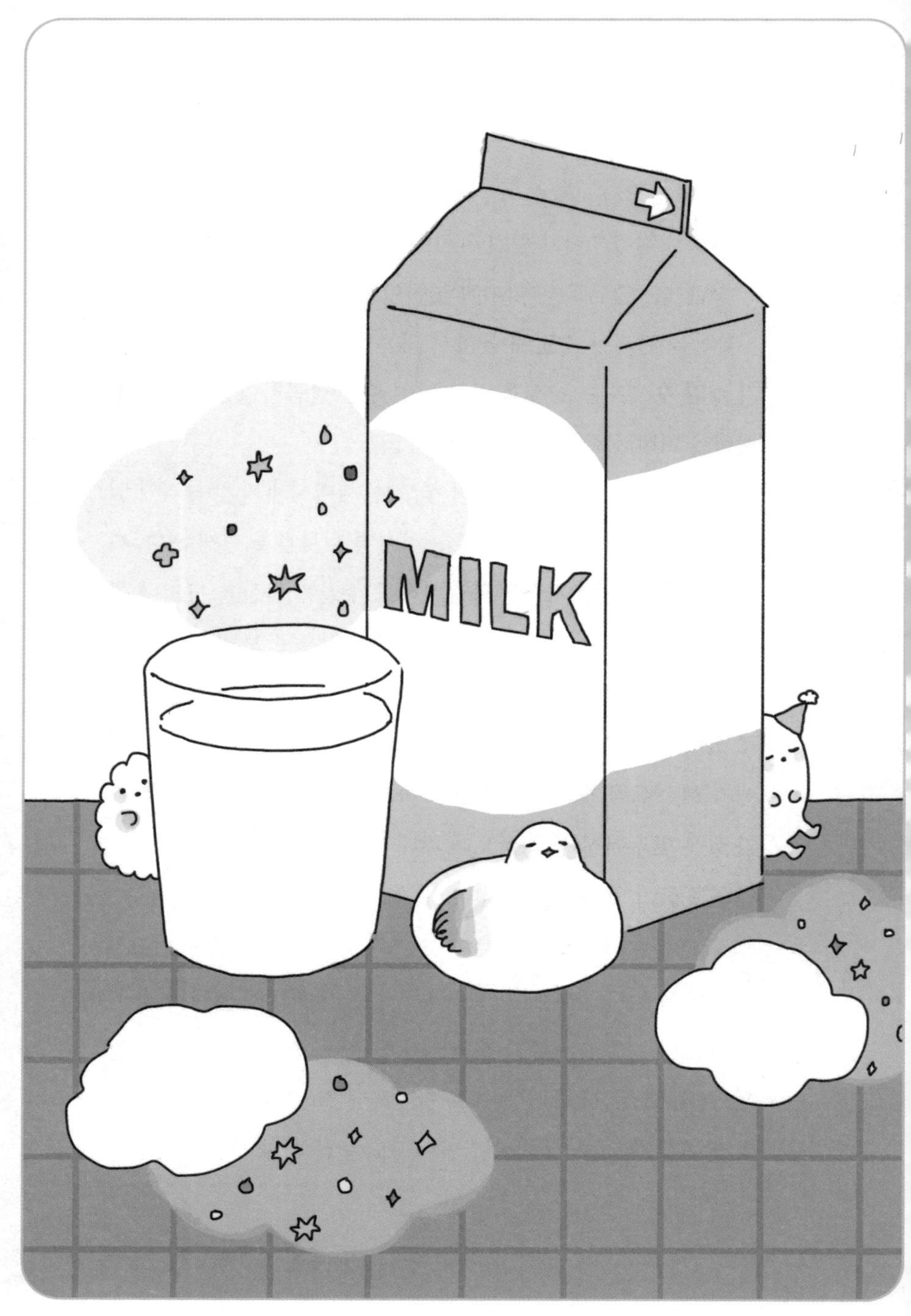
MILK

2 아침, 우유 한 잔을 마셔 보자!

학창 시절에는 학교에서 급식으로 나와 매일 의무적으로 마셨던 고소한 우유! 어른이 되고 나서는 카페라테나 카푸치노에 들어가는 우유를 제외하면 우유를 아예 입에 대지 않는다는 사람도 많다.

알고 보면 우유에는 숙면을 도와주고 수면의 질을 개선하는 데 도움을 주는 성분이 있다. 우유에는 트립토판이라는 아미노산의 일종이 체내에 들어가 15시간 동안 수면 호르몬인 멜라토닌에 영향을 주어 양질의 수면을 유도하는 효과가 있다. 그래서 밤에 마시는 따뜻한 우유보다 아침에 마시는 우유가 더 좋다.

우유 외에도 대두식품, 달걀, 견과류, 바나나는 트립토판을 풍부하게 함유한 대표 식품이다. 트립토판이 풍부한 식품을 아침에 든든하게 챙겨 밤까지 멜라토닌을 생성해 두면 행복하게 꿈나라로 떠날 수 있다는 사실!

이때 추천하는 아침 식단은 현미밥에 달걀을 올린 낫토와 식후에 우유 한 잔이다. 아침 식단만 바꾸어도 수면의 질을 높일 수 있으니, 야무지게 아침을 챙겨 먹고 오늘 밤 꿀잠에 빠져 보자!

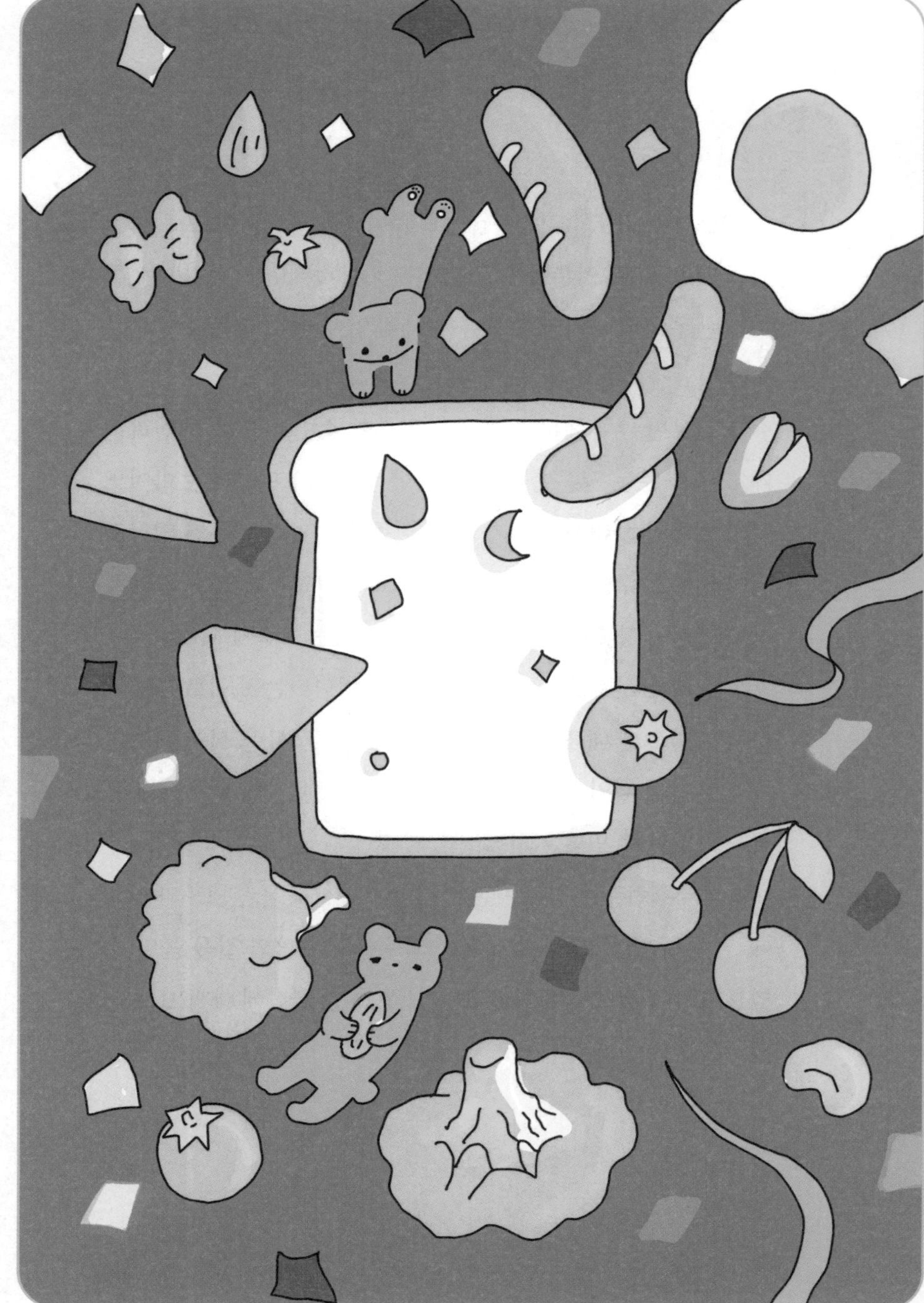

3 아침을 빵 한 조각으로 때우지 않는다

빵을 즐겨 먹는 '빵순이', 유명한 빵집을 찾아다니는 '빵지 순례'라는 말이 나올 정도로 빵을 즐기는 인구가 늘어나고 있다. 아예 아침에는 밥 대신 빵을 주식으로 하는 사람도 많다. 5분이 아쉬운 바쁜 아침에도 간단히 챙겨 먹을 수 있는 빵은 매우 편리한 음식이다. 하지만 달콤한 빵, 푹신푹신하고 부드러운 빵, 새하얀 식빵은 아주 가끔 별미로만 즐겨 보자.

최근 건강을 위해서는 'GI 수치(Glycemic Index, 혈당지수)'에 신경을 써야 한다는 말을 자주 듣는다. GI 수치는 식후 혈당이 얼마나 상승하는지를 보여 주는 수치로 이 수치가 높을수록 식후에 혈당이 오르기 쉬운 식품이다. 혈당 수치가 너무 높거나 낮으면 몸에 부담을 주고, 피로가 증가하는데, 이는 정서 불안과 우울증, 비만 등의 원인이 될 수 있다. 혈당은 대체로 식후에 오르는데, 너무 가파르게 오르지 않도록 관리해야 건강한 삶을 유지할 수 있다.

혈당 관리의 기준이 GI 수치다. GI 수치가 낮은 음식을 먹으면 혈당이 급격히 상승하는 현상을 억제할 수 있다. 빵을 먹고 싶다면 통밀빵이나 호밀빵처럼 빵 중에서도 GI 수치가 낮은 빵을 고르자. 거기에 과일과 달걀을 곁들인 영양 균형을 맞춘 아침이면 빵을 먹으면서도 건강을 챙길 수 있다.

4 어쨌든 몸을 움직여 보자!

직장에서 일이 잘 안 풀릴 때, 남자친구와 싸웠을 때……. 이 세상은 스트레스가 일상일 정도로 차고 넘친다. 당신은 평소 어떤 방법으로 스트레스를 해소하는가?

"뭐 별거 있겠어요? 그냥 스마트폰으로 게임을 하거나 동영상을 봐요."

"코가 비뚤어지게 술을 퍼마시고 바로 쓰러져서 자요."

사람마다 스트레스를 해소하는 방법은 제각각이다. 특별한 방법 없이 그저 스트레스가 생기면 생기는 대로 내버려 둔다는 스트레스 방임주의자도 있다.

스트레스가 쌓이면 우리 몸과 마음은 바짝 긴장하고 신경을 곤두세운 상태를 유지한다. 그래서 스트레스로 딱딱하게 굳은 몸과 마음을 풀어 주는 시간이 필요하다. 스트레스를 풀 때는 쉬기보다 몸을 움직이는 방법이 효과적이다. 가벼운 스트레칭이나 요가, 집 청소 등을 추천한다. 일단 엉덩이를 들고 자리에서 일어나 몸을 움직여 보자. 너무 부지런할 필요는 없다. 느긋하게 슬렁슬렁 대충대충 움직이는 정도로 충분하다. 이렇게 몸을 움직이면 딱딱하게 굳었던 몸과 마음이 서서히 풀어지는 기분을 느낄 수 있을 것이다.

5 아침, 가벼운 운동을 한다

아침에는 1분 1초라도 더 자고 싶다. 만성 피로는 현대인의 고질병이라는 말처럼 피로를 달고 사는 우리들은 휴대전화의 알람이 울려도 한 번에 이불을 박차고 일어나지 못한다.

"제발, 5분만 더! 살려 줘!"

세상에서 제일 무거운 눈꺼풀을 들어 올리고 아침마다 이불 밖으로 나오려면 전쟁이 따로 없다.

병원에 갈 정도는 아니라도 몸과 마음이 지쳐 녹초가 되었을 때는 먹는 음식에 신경을 쓰고 휴식을 취하기 전에 우선 '체내시계의 리듬'부터 맞춰 나가자.

앞에서 살펴보았듯, 체내시계 리듬을 바로잡는 가장 좋은 방법은 싱긋한 아침 햇살이다. 아침 햇빛을 듬뿍 쬐면 체내시계가 맞춰지며 우리 몸에 그만 잠에서 깨어나 슬슬 활동을 개시할 시간이라고 알려 준다.

또 아침에 가볍게 운동하는 습관을 들이면 행복 호르몬인 세로토닌이 증가해 부정적인 기분이 줄어들고, 밤에 푹 잘 수 있다. 아침에 일어나 침실의 암막 커튼을 활짝 열어 온몸에 해를 골고루 쬐자. 그리고 스트레칭과 요가, 아침 산책까지 하면 더없이 좋은 하루를 보낼 수 있을 것이다.

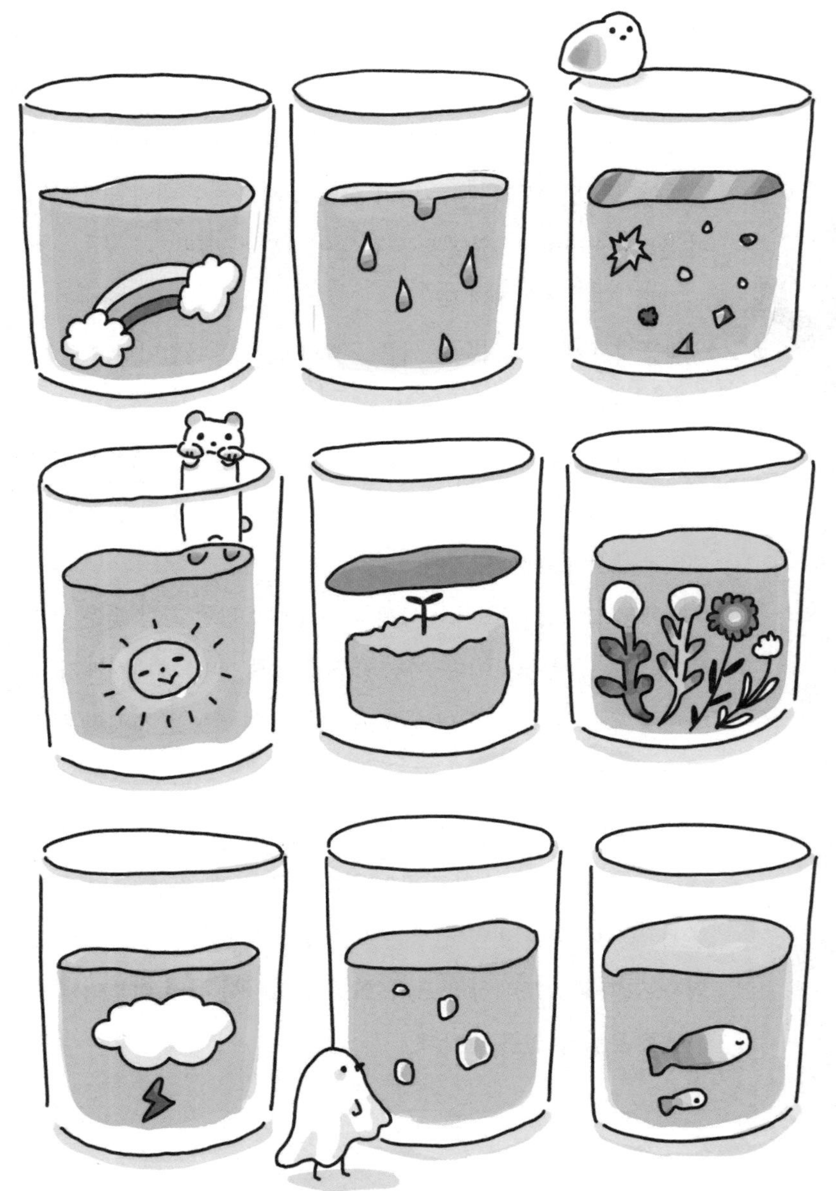

6 청량음료를 피한다

편의점이나 마트에 가면 알록달록하고 화려한 페트병에 담긴 각양각색의 음료를 판매한다. 이벤트로 유혹하는 기간 한정 상품도 있고, 마셔보고 싶을 정도로 매력적이고 먹음직스러운 음료가 즐비하다. 홍차에 녹차, 우유를 넣어 진하게 끓였다는 밀크티는 물론 요즘 유행하는 버블티까지, 술을 제외한 주스와 탄산음료 등을 소위 청량음료라 부른다. 청량음료를 페트병 기준으로 하루 2병 이상 마시는 사람은 마시지 않는 사람과 비교했을 경우 우울증에 걸릴 위험이 30%나 높아진다는 연구 보고가 있다.

음료에 들어 있는 건강을 위협하는 당분! 이 녀석이 범인이다. 특히 다이어트 효과가 있다는 0cal 표시 제품도 위험하다.

최근 생수에 인공향료나 맛을 첨가한 음료가 출시되었는데, 이런 제품도 청량음료에 속한다. 평소에 무심코 마시는 청량음료와 다이어트 음료가 우울증을 초래하는 원인이 될 수 있다. 만약 매일 출근길에 편의점에 들러 시판 병 음료를 사 마시는 습관이 있다면 당분이 들어 있지 않은 차나 생수로 바꾸기만 해도 지금보다 더욱 건강해질 수 있다.

7 입이 심심할 때 먹는 군것질 과자를 끊는다

"짜증날 때는 달콤한 디저트를 먹어줘야죠."

"아, 당 떨어진다. 당 충전해야죠. 피곤할 때는 단 걸 좀 먹어야 피로가 싹 풀린다니까요."

"배는 안 고픈데 입이 심심해서 말이죠."

"탄수화물을 줄여야 한다는 건 잘 알고 있지만 관대함은 탄수화물에서 나온다니까요. 밀가루랑 설탕 없이 무슨 재미로 살아요? 사는 낙이 사라져 버려요."

탄수화물이나 단맛에 중독된 사람이 많다. 만약 내 이야기 같아 뜨끔하다면 당신도 탄수화물 중독자일 수 있다. 탄수화물(당질)은 달콤한 디저트뿐 아니라 빵이나 밥 등에도 들어 있다. 탄수화물을 줄여야 한다는 이야기를 자주 듣게 되는데, 탄수화물은 우리 뇌의 에너지원 중 하나로 꼭 필요한 성분이기도 하다.

탄수화물이 우리 몸에 들어오면 뇌에 전달되어 의욕 호르몬인 도파민이라는 뇌 내 마약을 분비한다. 그래서 달콤한 디저트를 먹으면 행복한 기분이 든다. 하지만 단맛에 빠져서 단 음식을 먹고 싶다는 욕구가 점점 심해지면 탄수화물 섭취를 중단했을 때 여러 금단 증상이 나타날 수 있다. 당 수치가 떨어지면 우울감을 느끼고 감정의 기복이 심해지며 불안과 짜증이 늘어나기도 한다. 편의점 계산대 옆에서 아무 생각 없이 집어 들던 군것질거리, 장바구니에 무심코 담게 되는 과자부터 끊어보면 어떨까?

8 식사 횟수를 줄이지 않는다

당신은 하루에 몇 끼를 챙겨 먹고 있을까? 다이어트를 위해 혹은 너무 바빠 먹을 시간이 없어서 등 다양한 이유로 하루 한두 끼도 챙겨 먹기 힘들다는 사람도 많다. 아침을 거르고 점심은 샐러드로 때우는 금욕적인 식생활은 피로와 무력감의 원인이 된다. 동양의학에서는 규칙적인 생활로 몸의 리듬을 바로잡아야 질병을 예방할 수 있다고 한다. 끼니를 걸러 몸속에 에너지가 부족하면 우리 몸은 케톤체를 에너지원 대신 만들어낸다. 케톤체는 우수한 에너지원이나 적정량을 초과하면 나른함이나 피로감, 두통을 일으킬 수 있는 물질이다. 케톤체는 탄수화물을 극단적으로 제한한 식사로도 만들어질 수 있다. 이처럼 공복 시간이 길고 탄수화물을 마음껏 섭취하지 못하면 만성 피로에 시달릴 가능성이 크다. 그래서 하루 세끼를 규칙적으로 골고루 챙겨 먹는 습관이 무엇보다 중요하다.

간식을 먹는 시간은 다이어트에 방해가 되지 않도록 오후 3시 정도가 적당하다. 우리 몸이 원하는 영향을 충분히 섭취하면 피로에 지쳐 축축 늘어지지 않는 활기찬 생활을 할 수 있다.

9 장내 환경을 개선한다

마음의 문제는 뇌와 관련되었을 가능성이 크다는 정도는 대부분 알고 있다. 그런데 마음의 문제가 장과도 연관이 있다는 사실을 아는 사람은 그리 많지 않다. 장은 '제2의 뇌'라고 해서 마음의 문제와 밀접한 연관이 있다. 긴장하거나 스트레스를 받으면 아랫배가 살살 아파지거나 위가 콕콕 쑤시며 속이 쓰릴 때가 많다. 또 속상한 일이 생기면 입맛이 없어진다는 사람도 있다. 이렇게 우리 뇌가 스트레스를 받으면 장에도 이상이 생기고, 정 반대로 장 상태가 나빠도 스트레스가 뇌에 전해져 뇌에 나쁜 영향을 미칠 수 있다.

특히 우울감을 자주 느끼는 사람은 변비나 설사를 반복하는 경우가 많다. 행복 호르몬인 세로토닌 대부분이 장에서 생성되기 때문이다. 특별한 이유가 없는데 우울하면 장 상태를 확인해 보자. 장내 환경을 개선하려면 발효식품과 해조류 등에 포함된 수용성 식이섬유, 바나나 등에 들어 있는 올리고당을 적극적으로 섭취하자. 장이 편해지면 마음도 편안해질 수 있다.

10 튀긴 음식을 줄인다

떡볶이 국물에 튀김을 찍어 먹고, 점심은 돈가스, 간식으로 핫도그, 퇴근 후 치킨에 맥주, 주말 늦은 점심으로 먹는 햄버거 세트 메뉴로 따라 나오는 감자튀김은 도저히 포기할 수 없다……. 튀긴 음식은 칼로리가 높다는 걸 머리로는 잘 알면서도 나도 모르게 자꾸 튀긴 음식을 찾게 된다. 기름지고 바삭한 튀긴 음식의 유혹을 이겨내기란 쉽지 않다. 그런데 튀긴 음식을 먹는 빈도가 잦아지면 우울증에 걸릴 위험이 늘어날 수 있다는 연구 결과가 발표되었다.

튀김 기름 속에 포함된 오메가6 지방산 섭취량이 우리의 정신 건강과 관계가 있다. 생선 등에 포함된 오메가3 지방산이 건강에 이롭다는 사실은 잘 알려져 있다. 그래서 건강식품을 통해 오메가3를 챙겨 먹는 사람도 많다. 기름은 우리 몸에 필요한 성분이고 특히 감정 조절에 중요한 역할을 한다고 알려져 있다. 그런데 오메가3 지방산과 오메가6 지방산의 균형이 무너지면 감정 조절 기능에 문제가 생기고 우울증에 걸릴 확률이 높아질 수 있다.

현대인의 식생활은 아무래도 오메가6 지방산을 과다 섭취하는 경향이 있다. 오메가6 지방산을 과도하게 섭취하면 감정을 잘 다스릴 수 없어 변덕이 심해지거나 기분이 수시로 오르락내리락해 생활에 지장을 줄 수 있다. 튀긴 음식을 되도록 삼가고 식탁에 생선을 자주 올리도록 노력해 보자.

11 저녁에는 닭 가슴살이 최고의 반찬이다

다이어트 식단에 빠질 수 없는 닭 가슴살. 지방이 적고 단백질은 풍부한 영양 식품이다. 닭 가슴살은 근육 운동을 하는 사람이나 다이어트 중인 사람뿐 아니라 바쁜 일상에 쫓기는 직장 여성의 구세주가 되어 줄 기특한 식품이다. 닭 가슴살은 이미다졸 디펩티드(imidazole dipeptide)라는 성분이 피로를 풀어 주고 세포 손상 등을 억제하는 항산화 작용을 하는 아미노산을 풍부하게 함유하고 있다. 저녁 반찬으로 닭 가슴살 100g을 추가하면 다음 날 아침이 훨씬 건강해진다. 닭 가슴살을 꾸준히 챙겨 먹기만 해도 회복력을 개선할 수 있으니 꼭 식탁 위에 닭 가슴살을 올려놓자!

그런데 닭 가슴살은 특유의 퍽퍽한 식감 때문에 호불호가 갈린다. 또 어떻게 요리해도 맛이 밍밍해 반찬으로는 도무지 어울리지 않는다는 사람도 있다. 그래서 건강하고 맛있게 닭 가슴살을 즐길 수 있는 방법을 소개하니, 꼭 따라해 보자!

닭 가슴살에 전분을 골고루 뿌리고 끓는 물에 넣은 다음 불을 끄고 냄비 뚜껑을 닫아 20~30분 정도 놔두면 샐러드 토핑으로 환상적인 맛을 내는 닭 가슴살 요리가 뚝딱 만들어진다. 냉장실에 넣어 두고 먹을 수 있으니 주말에 넉넉하게 만들어 두었다가 평일 저녁 반찬으로 활용해 보자.

닭 가슴살은 뇌의 피로를 해소하는 효과도 있으니 오늘부터 닭 가슴살과 친해져 보는 것은 어떨까?

12 좋아하는 일을 글로 적는다

나는 어떤 일을 할 때 즐거울까? 무슨 일을 좋아할까? 회삿일이나 집안일에 쫓겨 콧노래를 흥얼거릴 정도로 하나의 일을 즐겨 본 게 언제인지 기억이 가물가물할 정도라 내가 무슨 일을 좋아하는지 잊고 지내는 사람도 많다.

잠시 짬을 내어 '좋아하는 일 목록'을 만들어 순서대로 실천해 보자. 좋아하는 드라마 정주행하기, 쿠키 굽기, 게임, 전시회 관람 등……. 시간을 잊고 몰입할 수 있는 일을 선택해 보자. 좋아하는 일에 몰입하게 되면 우리 뇌에서 의욕 호르몬인 도파민이 분비되어 고취감과 활력이 솟아나기 시작한다.

고민거리가 있을 때는 머릿속이 복잡해지기 마련이다. 반대로 좋아하는 일을 할 때는 조금이라도 고민에서 거리를 둘 수 있어 원래의 나로 되돌아갈 수 있다. 가볍게 시작할 수 있는 일부터 차근차근 시작하면 우리 뇌가 플러스 모드로 전환되어 기운을 재충전할 수 있다.

13 30분 정도 바짝 몰아서 운동한다

현대인 중에는 책상 앞에 앉아 일하는 시간이 긴 사람이 많다. 특히 사무직인 사람은 몸을 움직이는 시간이 매우 적다. 몸을 움직이지 않고 머리만 쓸수록 쉽게 피로해지는 기분이 들 때가 종종 있다. 하루 업무를 마치고 퇴근 시간이 되면 온종일 의자에 앉아 있기만 했는데도 온몸이 쿡쿡 쑤시고 녹초가 된 기분이 드는 날이 있다. 실제로 사람이 가장 스트레스를 인식하는 상황은 뇌만 피곤한 상태라는 사실이 연구로 밝혀졌다.

반대로 몸은 피곤해도 뇌가 피곤하지 않으면 스트레스와 담을 쌓고 살 수 있다. 운동하면 우리 뇌에서 정신을 안정시키는 호르몬인 세로토닌이 분비되어 우울증을 예방하고 개선하는 데 효과가 있다.

빠른 걸음으로 걷기 등 30분 정도 바짝 몰아서 운동하는 방법을 가장 추천한다. 이렇게 운동하면 항우울제 한 알과 맞먹는 효과가 있다. 머리만 써서 피곤할 때는 잠시 짬을 내어 운동하면 몸과 마음이 한결 가뿐해진다. 저녁 시간 조깅이나 달밤의 체조도 스트레스를 해소하는 효과적인 방법이 될 수 있으니, 틈틈이 몸을 움직여 피로를 풀어 보자.

14 저녁은 잠자리에 들기 3시간 전까지 마친다

충분히 잤는데 이상하게 몸이 물먹은 솜처럼 묵직한 사람은 요즘 저녁을 몇 시에 먹고 있는지 곰곰이 생각해 보자. 수면과 식사는 얼핏 보면 큰 상관이 없어 보이지만, 알고 보면 수면과 식사는 매우 밀접한 관계가 있다. 우리 몸은 식사한 후에 위와 장이 바쁘게 일해 먹은 음식을 소화하고 흡수하는 구조로 돌아간다. 그 상태로 잠자리에 들면 뇌와 몸은 쉴 수 없기 때문에 수면 상태에 들어도 깊은 잠을 잘 수 없다.

먹고 나서 졸음이 쏟아지는 식곤증은 소화기관에 일감을 몰아주어 업무에 집중할 수 있게 해주기 위한 자연의 섭리다. 위와 장이 어느 정도 할 일을 끝낼 때까지 약 3시간이 걸린다고 하니, 뇌와 몸을 푹 쉬게 하려면 잠자리에 들기 3시간 전까지 식사를 마쳐야 한다. 예를 들어 자정에 잠자리에 든다면 저녁 9시까지는 식사를 마치도록 식사시간을 미리 조절해야 한다.

또 기름진 음식은 소화에 시간이 걸리기 때문에 저녁 메뉴에서는 빼거나 좀 더 일찍 먹는 게 좋다. 늦게 자야 하는 날에는 간식을 적당히 섭취하고 소화가 잘되는 음식으로 저녁은 가볍게 뜨는 게 바람직하다.

15 자기 전에는 스마트폰을 만지작거리지 않는다

최근 잠들기 직전까지 스마트폰을 붙들고 사는 사람들이 많다. 스마트폰이나 태블릿 PC 같은 전자기기 화면에서는 블루라이트라는 빛이 나온다. 블루라이트는 짧은 파장의 매우 밝은 광원으로 밤에 이 빛을 보면 우리 뇌는 낮이라고 착각하여 수면 호르몬인 멜라토닌 분비량이 줄어든다는 사실이 밝혀졌다. 낮에는 활동하고 밤에는 잠을 자는 체내시계 리듬이 밤에 스마트폰을 보는 시간이 길어지면서 무너진다. 또 잠자기 전에 스마트폰을 보는 사람과 보지 않는 사람은 같은 시간을 자도 수면의 질이 다르다. 침실에 스마트폰을 가지고 들어가 잠자기 전까지 스마트폰을 만지작거리는 사람은 꿈을 꾸거나 잠을 설치며 얕은 잠을 자는 경향이 있다. 수면의 질이 떨어지면 피로가 가시지 않고 낮에도 나른한 기운이 계속 남아 있게 된다.

수면의 질을 높이기 위해서라도 잠자기 2시간 전부터는 되도록 스마트폰과 태블릿 PC, 노트북 등의 전자기기를 멀리하자! 잠자기 직전까지 습관처럼 붙들고 있던 스마트폰에서 얻을 수 있는 정보라고 해봤자 다음 날 일어나고 나면 하나도 기억나지 않을, 알아도 그만 몰라도 그만인 내용들이 대부분이다.

밤은 휴식에 집중해야 하는 시간이다. 자극을 최대한 줄여 몸과 마음을 푹 쉬게 해주자.

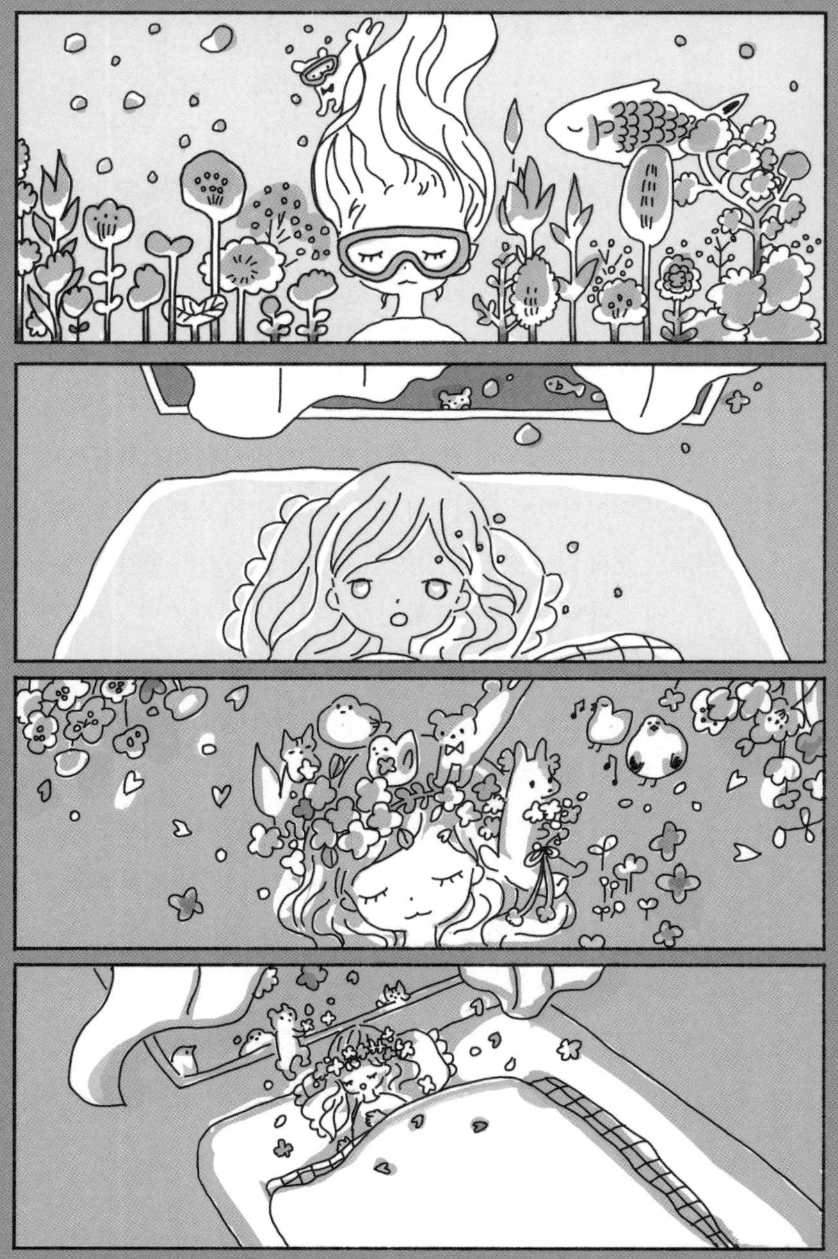

16 잠들기 두 시간 전까지 입욕을 마친다

바쁜 일상에 쫓기다 보면 욕조에 몸을 푹 담그는 입욕이 부담스러워 간단하게 샤워로 끝내는 날이 많다. 특히 무더운 여름에는 뜨거운 물에 몸을 담근다는 생각만 해도 끔찍할 때가 있다. 하지만 질 좋은 수면을 위해서는 매일매일 입욕하는 습관을 추천한다.

사람은 잠이 들려고 할 때 몸 심부의 온도를 서서히 내려 대사를 억제하고 잠이 들 준비를 시작한다. 예민한 사람은 졸음이 올 때 팔다리가 뜨거워지며 열감을 바로 느끼기 시작하는데, 이런 현상은 우리 몸이 열을 방출하는 중이기 때문에 나타난다. 이때 체온이 내려가는 폭이 클수록 뇌 온도도 내려가 잠이 솔솔 온다. 욕조에 몸을 푹 담그면 체온이 올라가 이불에 누웠을 때 까무룩 잠이 들 수 있다. 여름에는 잠자기 1~2시간 전에, 겨울에는 몸이 식으며 썰렁함을 느끼는 시간을 고려해 2시간 전이 가장 이상적이다. 목욕물 온도는 체온에 가까운 약 38℃로 살짝 뜨뜻한 정도가 적당하다. 너무 뜨거우면 교감신경이 활발해져 잠이 싹 달아날 수 있으니 주의할 것!

또 입욕 시간은 보통 10분가량이 가장 좋다. 욕조에 앉아 스마트폰 또는 태블릿 PC로 동영상을 보거나 게임을 즐기며 장시간 머물면 체온이 너무 많이 올라 숙면을 방해할 수 있으니 미리 타이머를 설정해 놓고 시간을 조절하자!

17 두피를 마사지한다

두피 안쪽에는 이마힘살(전두근), 관자근(측두근), 뒤통수힘살(후두근)이라는 근육이 있고 이 근육들은 자율신경이 관장한다. 피곤해지면 목과 어깨가 뻐근하게 뭉치고 결리는 느낌이 들 듯, 피로와 스트레스가 쌓이면 두피 안쪽 근육도 뭉칠 수 있다. 뻣뻣하게 뭉친 두피 근육을 자주 풀어 주지 않으면 혈액순환과 림프 흐름이 정체되어 몸과 마음에 이런저런 이상 증세가 발생할 수 있다. 특히 새치가 생기거나 머리카락이 점점 가늘어지고, 탈모 등 모발 문제가 생길 수 있으며 두피와 이어지는 얼굴 부위에 처짐이나 주름, 기미 등의 피부 노화 증상까지 이어질 수 있다.

스트레칭과 운동으로 몸을 풀 듯 두피도 주기적인 마사지로 풀어주자. 머리를 감을 때 손끝으로 꾹꾹 눌러주기만 해도 혈행이 개선되고 자율신경을 조절하는 시상하부가 활성화된다. 두피 마사지는 흐트러진 자율신경의 균형을 바로잡아 몸과 마음을 이완하는 좋은 효과가 있다. 매일 머리를 감을 때 뭉친 두피를 마사지로 풀어 주고 이따금 자신에게 주는 선물로 미용실이나 스파에 가서 전문가에게 두피 마사지를 받는 호사를 누려 보자.

18 찬물에 우린 녹차를 마신다

커피나 홍차에 들어 있는 카페인 성분이 각성 효과가 있다는 사실은 대부분 알고 있을 것이다. 그래서 졸음을 쫓기 위해 아침이나 업무 시간에 카페인 음료를 마시는 사람이 많다.

녹차도 카페인이 들어 있는 음료 중 하나로 탕비실에 커피를 마시지 않는 사람을 위해 녹차 티백을 준비해 두는 회사도 많다. 그런데 각성 작용을 하는 다른 카페인 음료와 달리 녹차는 이완 작용을 한다는 사실! 각성 효과가 있는 카페인이 들어 있는데 왜 녹차는 정반대 효과를 낼까? 앞뒤가 맞지 않는다고 지적할 수도 있는데, 녹차의 카페인은 찬물에는 잘 추출되지 않는 성질이 있어 커피와 다른 기전으로 작용한다. 녹차를 물에 우리면 감칠맛을 내는 테아닌 성분이 추출된다. 테아닌은 아미노산의 하나로 뇌의 흥분을 억제하는 작용을 한다. 또 테아닌은 뇌의 긴장을 이완하는 효과도 있어 테아닌을 섭취하면 알파파가 출현하여 피로를 효과적으로 풀 수 있다. 덤으로 녹차에는 지방 연소 성분도 들어 있어서 녹차를 마시면 다이어트에도 도움이 된다.

간단한 방법으로 녹차의 유효 성분을 똑똑하게 섭취할 수 있다. 병에 찻잎을 넣고 찬물을 부으면 끝! 냉장실에 넣어 두면 테아닌이 더 잘 우러난다. 머리를 너무 많이 써서 멍하면서 피곤할 때 정신이 번쩍 들게 해주는 고카페인 음료나 커피를 마셨다면 앞으로는 녹차를 마셔 보자. 습관적으로 마시는 아이스 아메리카노

대신 찬물에 우린 녹차를 마시면 카페인 과다 섭취로 생기는 가슴 두근거림 등의 부작용도 줄일 수 있다.

19 온도 차를 줄인다

바깥은 뙤약볕이 내리쬐는 불볕더위에 숨이 턱턱 막히는데, 사무실 안은 에어컨이 빵빵하게 돌아가 썰렁하다 못해 춥다. 반대로 동장군이 기승을 부리는 한겨울에도 실내에 들어가면 순식간에 등이 땀으로 흥건하게 젖을 정도로 난방을 세게 틀어 겉옷이 거추장스럽게 느껴질 때도 있다. 이처럼 냉난방 기기가 일상 깊숙이 들어오며 실내와 실외의 온도 차가 극과 극을 달리는 환경에서 생활하는 사람이 많다. 그런데 예민한 우리 자율신경은 온도 차이를 스트레스로 느껴 아차 하는 사이에 카드로 지은 집처럼 균형을 잃고 와르르 무너져 내린다.

아주 잠깐이라도 온도 차가 심한 환경에 노출이 되면 자율신경이 균형을 되찾는 데 족히 3~4시간은 걸린다. 더운 여름철에 땀을 뻘뻘 흘리고 에어컨이 시원하게 나오는 실내에 들어갈 때는 땀이 금방 식으며 몸이 차가워져 썰렁한 기운이 감돌기 전에 긴소매 카디건을 걸치거나 담요를 덮자. 그리고 겨울철에는 잠깐 볼일을 보러 가거나 점심을 먹으러 바로 앞에 나가는 데 굳이 겉옷을 걸칠 필요가 없다며 슬리퍼 차림으로 뛰어가지 말고 단 5분이라도 밖에 나갈 때는 겉옷과 양말을 단단히 챙겨 입고 추위에 대비하자.

'더위'와 '추위'가 느껴진다면 이미 자율신경이 흐트러지기 시작했다는 신호이다! 공공장소에서는 나 혼자 덥거나 춥다고 마음

대로 온도를 조절하기 어려우므로 겉옷이나 무릎담요를 챙기고 다니며 온도 변화에 대처하자. 온도 차를 최대한 줄여야 자율신경의 균형을 유지할 수 있다.

루틴 2

이상하게
컨디션이 별로야

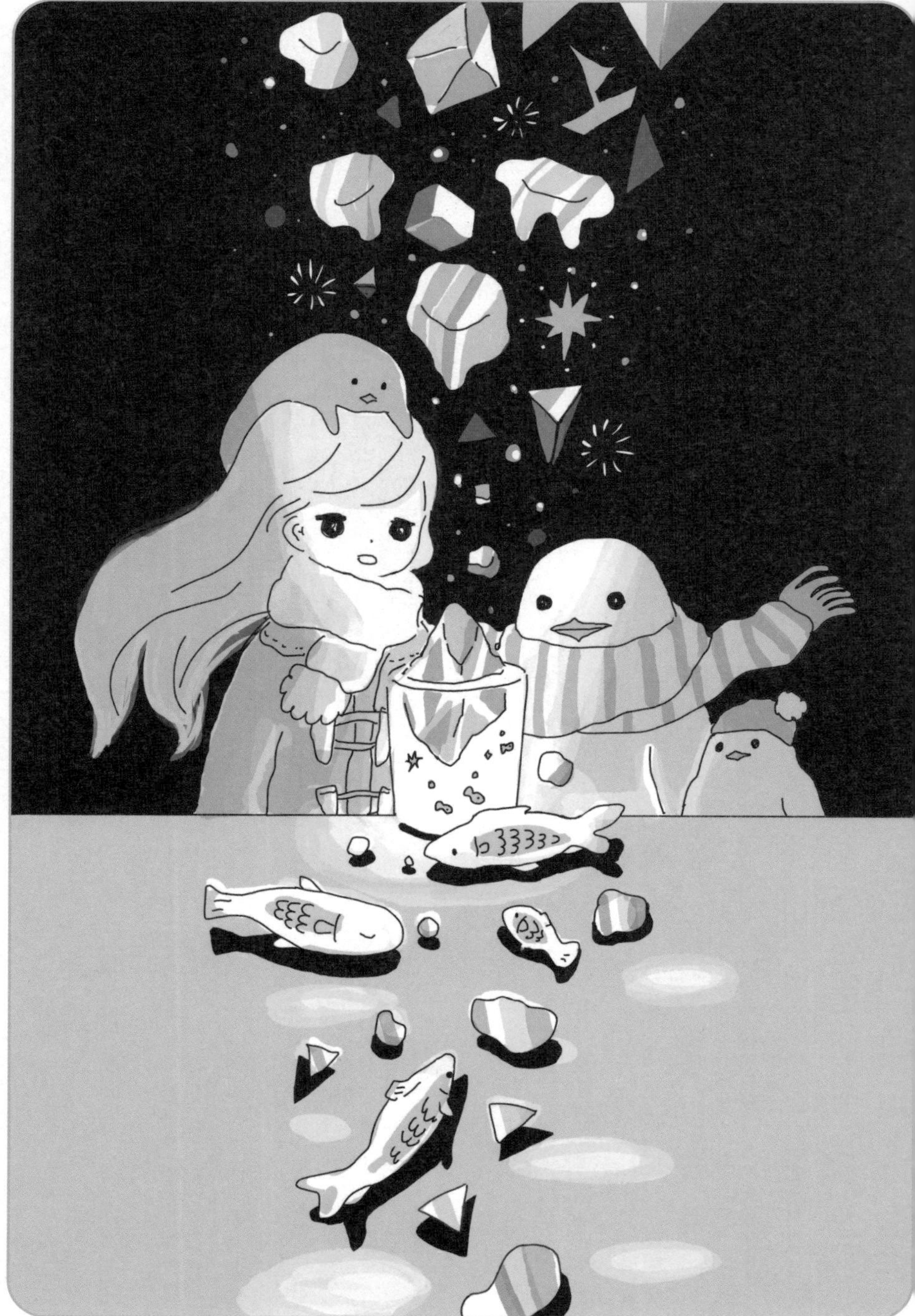

20 음료에 얼음을 넣지 않는다

“얼어 죽어도 아이스 아메리카노지!”

한겨울에도 얼음을 잔뜩 넣은 음료를 고집하는 사람이 많다. 그러다 보니 한여름에 얼음 없는 음료를 마시는 사람이 멸종 위기의 천연기념물 수준으로 찾아보기 힘들어진 세상이다. 겨울이 오면 추위에 대비해 롱패딩에 목도리와 장갑으로 중무장하면서도 정작 마실 거리만큼은 얼음을 잔뜩 넣은 차가운 음료를 마시는 희한한 시대가 왔다.

옛 어르신 중에는 “몸이 따뜻해야 무병장수한다”라며 한여름에도 찬물을 마시지 않는 분도 계셨다. 냉증은 신진대사와 면역력 저하를 일으키고, 자율신경과 호르몬 균형을 무너뜨리는 등 갖가지 건강 문제의 원인이 된다는 것을 삶의 지혜로 터득했기 때문이다. 우리 몸에서 발열 기관 역할을 하는 장이 차가워지면 건강에 이런저런 문제가 생긴다. 잠시 배 주위를 만져 보자. 심장이 있는 가슴 주위보다 싸늘하게 느껴진다면 장 온도가 내려갔다는 증거다. 찬 음식을 즐기는 사람이나 운동 부족, 자세 불량, 몸을 조이는 옷을 즐겨 입는 사람은 아랫배가 차가워질 수 있다.

무더운 여름이나 추운 겨울에도 얼음이 든 음료는 삼가고, 미지근한 물이나 뜨끈한 국물로 몸을 따뜻하게 하자. 또 양말과 내복, 담요 등의 소품을 활용해 체온을 적절하게 유지해 주자.

21 매일 5분씩 스트레칭을 한다

코로나19로 재택근무가 보편화 되며 집에 머무는 시간이 길어지면서 운동 부족으로 건강 이상을 호소하는 사람도 늘어났다. 운동 부족이 누적되면 몸과 마음에 피로가 차곡차곡 쌓인다. 혈액 순환이 정체되면 냉증이 생기고, 면역 세포가 전신에 골고루 돌지 않아 면역력이 저하될 수 있다. 그렇다고 매일 운동하자니 너무 귀찮다.

운동해야 한다는 걸 알면서도 운동하기 싫어하는 이들에게 반가운 소식이 있다. 미용과 건강을 위해서는 강도 높은 운동보다 적당한 운동이 더 좋다는 연구 결과가 나왔다. 운동선수는 일반인보다 감기에 더 잘 걸리는 경향이 있는데, 지나치게 강도 높은 운동이 오히려 면역력을 떨어뜨리기 때문이다. 그렇다면 적절한 운동은 어느 정도를 말하는 걸까? 매일 '5분' 정도다.

"에엥? 고작 5분? 에이, 말도 안 돼. 어디서 약을 팔고 그러세요. 5분으로 될 것 같으면 세상에 건강하지 않을 사람이 어디 있겠어요."

딴죽을 걸고 싶어도 일단 믿어 보시라. 그리고 매일 5분씩 온몸을 골고루 스트레칭하는 습관을 들여 보자. 사무직 종사자들의 대표 직업병인 어깨 결림과 거북목 증후군을 달고 사는 사람이라면 어깨와 목을 중심으로 풀어 보자. 오래도록 서서 일하는 사람이라면 다리를 중심으로 스트레칭 프로그램을 짜 보자. 단 5분 스트레칭으로 한 여름에도 얼음장 같은 손발의 냉증이 사라지고 면

역력도 향상되어 건강한 생활을 되찾을 수 있을 테니 밑져야 본전 아닌가. 속는 셈 치고 딱 5분씩만 몸을 움직여 보자.

22 억지로라도 웃는다

피곤하거나 속상해서 기운이 없을 때는 입꼬리를 올려 억지로라도 웃는 얼굴을 만들어 보자. 실제로 즐겁지 않아도 미소를 지으면 우리 뇌는 '즐거운 일이 생겼구나!'라고 착각해 행복 호르몬인 세로토닌과 안도감을 느끼게 하는 엔도르핀을 분비한다. 이때 분비되는 엔도르핀 호르몬의 효과는 초콜릿 2,000개에서 얻을 수 있는 행복감과 맞먹는다. 초콜릿을 2,000개나 먹을 수는 없는 노릇이니 배시시 미소를 지어 보자. 억지웃음이 싫다면 좋아하는 예능 프로그램이나 웃긴 동영상을 보면서 잠깐이라도 웃어 보자. 웃음이 뇌파 속의 알파파를 증가시켜 긴장이 이완되고, 두뇌 활동이 활발해지며, 면역 기능을 관장하는 자연 살해 세포가 활성화되어 면역력이 향상되고, 자율신경의 균형을 바로잡는다는 사실이 연구로 밝혀졌다.

웃으면 복이 온다는 말처럼 웃음은 행복을 부르는 주문이다. 항상 방실방실 웃는 사람에게 넘치는 긍정적인 기운과 행복감은 웃음이 가져다준 선물이 아닐까.

23 수면 시간은 7시간을 유지한다

매일 눈코 뜰 새 없이 바쁘게 살다 보면 충분한 수면 시간을 확보하기가 어렵다. 대부분 잠을 줄여서 다른 일을 할 시간을 만들기 때문이다. 실제로 현대인은 만성적인 수면 부족에 시달린다는 조사 결과가 있다. 부족한 수면을 보충하려고 주말이나 휴일에 몰아서 늦잠을 자는 사람도 많다. 모처럼 휴일에 늘어지게 잠을 자고 일어나 보니 어느새 저녁이더라는 슬픈 이야기도 자주 듣는다. 수면은 우리 몸을 쉬게 해 줄 뿐 아니라, 몸을 수리하고 복구하는 중요한 역할을 한다. 수면 부족은 집중력과 주의력을 떨어뜨리고 피로를 누적시키는 주범이다. 게다가 수면 부족은 비만의 원인이 된다. 식욕을 억제하는 호르몬 분비가 줄어들면 식욕을 절제할 수 없어 비만이 될 수 있다.

한편, 지나치게 긴 수면 역시 건강에 좋지 않다. 너무 오래 자면 우울증에 걸리기 쉽다는 연구 결과도 있다. 이상적인 수면 시간은 7시간 전후로 알려져 있다. 충분한 수면 시간을 확보하지 못했을 때는 토막잠을 자서라도 '총 7시간'을 채우도록 노력해야 한다. 낮 동안의 짧은 낮잠은 몸과 뇌에 쌓인 피로를 풀어 주고 재충전하는 시간이 될 수 있으니, 잠이 부족한 날에는 낮잠을 적극적으로 이용해 보자.

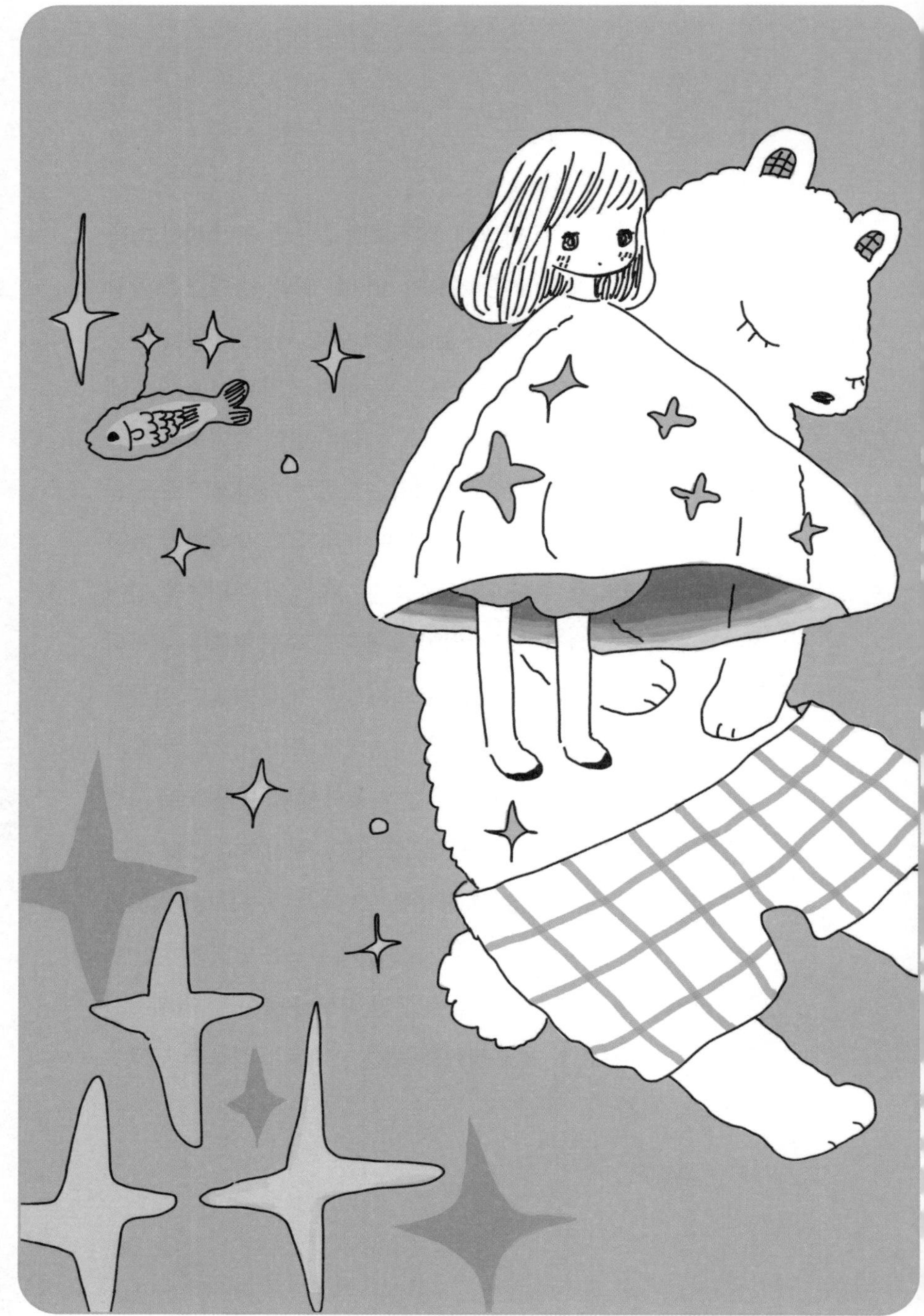

24 수분 섭취는 현명하게

쾌변은 건강한 습관의 기본이다. 장은 자율신경이 관장하는 내장으로, 스트레스와 생활 습관이 무너지면 자율신경이 흐트러져 장의 연동 운동이 저하되어 변비가 생길 수 있다. 이 외에도 운동 부족과 식이섬유 섭취 부족, 약해진 장 근육, 무리한 다이어트 등이 변비의 원인이 된다.

이상적인 배변은 하루에 한 번 아침에 일어나서 곧바로 일을 보는 것이다. 건강한 배변 습관을 들이기 위해 똑똑하게 물 마시는 방법을 살펴보자.

매일 틈이 날 때마다 물을 한 잔(200ml)씩 일곱 차례 마신다. 너무 차가운 물을 마시면 체온이 내려갈 수 있으므로 상온에 가까운 물이 좋다. 또한 한꺼번에 꿀꺽꿀꺽 마시면 바로 소변으로 배출되니 가능한 한 천천히 마셔야 한다. 아침에 일어나면 곧바로 물 한 잔을 마시자. 그리고 산책이나 휴식, 입욕 전후, 잠자기 전 등 틈틈이 물을 챙겨 마시자. 장 상태가 개선되면 면역력이 향상된다. 건강한 몸을 위해 물을 똑똑하게 마시는 방법을 기억해 두자.

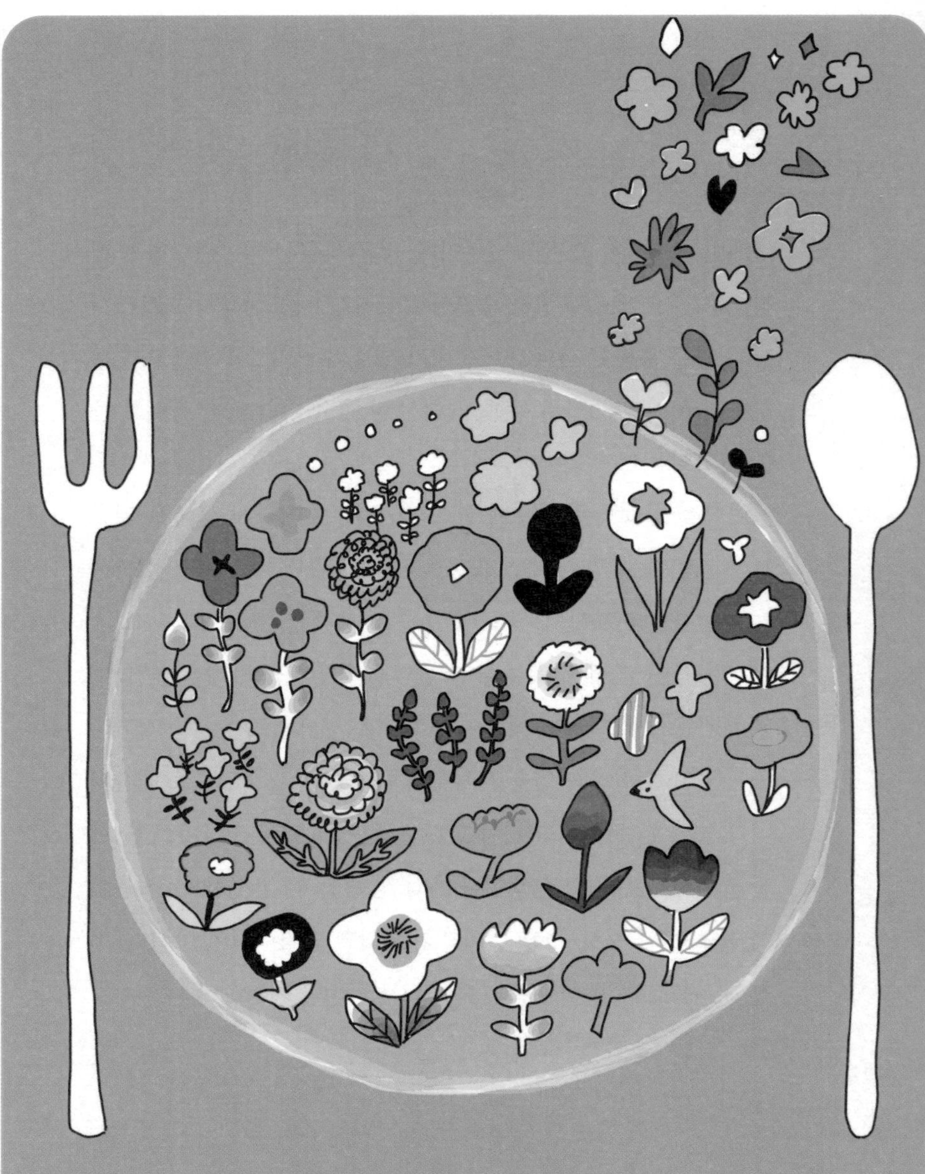

25 과일을 줄인다

요즘에는 각종 과일을 일 년 내내 계절과 무관하게 즐길 수 있다. 과일은 미용과 건강에 이로운 먹거리로 알려져 있어, 알록달록 다양한 과일을 갈거나 즙을 내어 주스나 스무디로 챙겨 먹는 사람도 많다. 더운 날에는 냉장고에 보관해 시원해진 과일이 특히 맛있게 느껴진다. 하지만 과일은 몸을 차게 만드는 원인이 되며, 체온이 떨어지면 면역력이 저하될 수 있다. 동양의학에서는 더운 지방에서 생산되는 채소와 과일, 그리고 여름이 제철인 음식을 몸을 차게 하는 성질이 있는 먹을거리로 분류한다. 바나나, 망고, 파인애플, 오렌지 등 마트에서 손쉽게 구할 수 있는 대부분 과일은 일 년 내내 따뜻한 열대 지방에서 수입한 것이다.

또 과일에는 생각보다 많은 당분이 들어 있다. 예를 들어 바나나 한 개의 당분 함유량은 각설탕 7개 분량인 28.2g에 달한다. 당분을 과다하게 섭취하지 않도록 과일 먹는 양을 조절해야 한다.

더운 여름에도 과일은 우리 몸의 체온을 급격히 떨어뜨릴 수 있으므로 조금씩 천천히 먹어야 한다. 그리고 제철 국내산 과일을 골라 먹는 게 좋다. 참고로 사과, 앵두, 포도 등은 몸을 따뜻하게 해 주는 성질이 있는 과일이다.

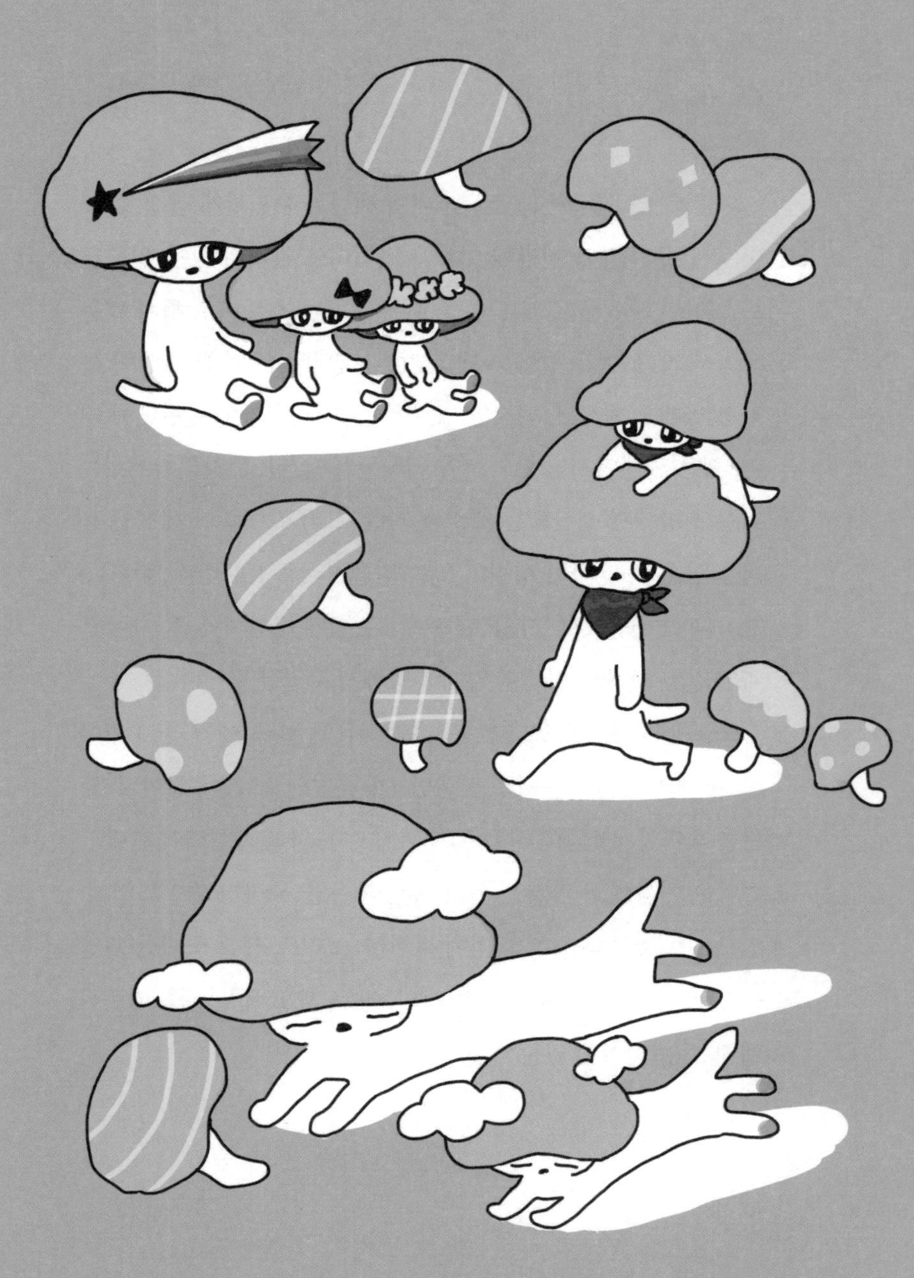

26 말린 표고버섯을 자주 챙겨 먹는다

매일 식사로 간편하게 면역력을 키우고 싶다면 말린 표고버섯을 부지런히 챙겨 먹자. 표고버섯을 비롯한 말린 버섯은 비타민 B군과 D, 포타슘, 철분, 식이섬유 등을 풍부하게 함유한 건강식품이다. 특히 식이섬유 중 하나로 면역력을 활성화하는 베타글루칸은 의약품 등에 활용되는 성분이다.

버섯은 생으로 먹어도 영양소가 풍부하지만, 햇볕에 말리면 영양 성분이 훨씬 풍부해진다. 비타민 D의 경우 생표고버섯과 비교해 무려 8배나 증가한다.

마트에서 파는 말린 표고버섯을 사도 좋지만, 가정에서 직접 만들 수도 있다. 생표고버섯을 사서 먹기 두 시간 전에 햇볕에 말리기만 하면 비타민 D가 풍부하고 감칠맛이 넘치는 말린 표고버섯 완성! 비타민 D는 칼슘 흡수율을 20배나 높이는 기특한 영양소다. 기름과 함께 조리하면 흡수율이 더 높아지니 볶거나 튀기는 등의 다양한 조리법으로 맛과 영양을 동시에 잡아 보자.

27 혈액 순환 개선을 위해 몸을 따뜻하게 해 준다

당신의 평균 체온은 몇 도인가? 여성 중에 저체온인 사람이 많다. 건강한 사람의 평균 체온은 36.5~37.1℃로 알려져 있는데, 저체온인 사람에게는 미열로 느껴질 수 있는 온도다. 체온이 올라가면 혈액 순환이 개선된다. 혈액은 우리 몸을 구성하는 약 60조 개의 세포에 산소와 영양을 공급하고 노폐물을 치우는 작용을 한다. 또 혈액 속에는 면역 기능을 하는 백혈구가 있어 혈액과 함께 몸 구석구석을 돌며 이상이 없는지 감시한다.

체온이 높으면 이런 작용이 활발해져서 면역력이 높은 상태를 유지할 수 있다.

체온을 높이려면 매일 운동하고(특히 걷기), 입욕하고, 찬 음식과 음료를 삼가고, 몸을 따뜻하게 하는 복장을 일상화해야 한다. 여름에도 속옷을 잘 챙겨 입고 양말을 신는 게 좋다. 체온이 올라가면 면역력뿐 아니라 기초 대사 능력도 향상되어 살이 잘 찌지 않는 체질을 만들 수 있다. 매일 실천하는 작은 루틴으로 체온을 높여 날씬하고 건강한 몸을 만들어 보자.

28 녹차를 즐기면 자다가도 떡이 생긴다

예부터 동양에서 즐겨 마시던 녹차. 녹차에는 일반적으로 알려지지 않은 여러 가지 효능이 있다. 녹차에 들어 있는 카테킨은 폴리페놀의 하나로 떫은맛을 낸다. 이 카테킨은 노화를 유발하는 활성 산소를 제거하고, 나쁜 콜레스테롤의 배출을 촉진하는 작용을 하며, 혈당치 상승을 억제하고 지방을 감소시키는 등 건강과 미용에 두루두루 이로운 성분이다.

최근에는 카테킨이 변비 개선에 효과가 있다는 사실이 연구를 통해 밝혀지기도 했다. 장 속에 사는 장내 세균은 크게 몸에 이로운 유익균, 말썽을 부리는 유해균, 그리고 상황에 따라 달라지는 기회주의자 같은 중간균 세 가지로 나눌 수 있다. 카테킨은 유해균 증식을 억제하는 역할을 하며 장내 환경을 건강하게 유지한다.

카테킨의 힘으로 변비를 개선하고 싶다면, 카테킨이 충분히 추출되도록 80~85℃ 정도의 뜨거운 물에 녹차를 우려내 마시자. 녹차의 건강 성분을 영리하게 활용하면 지금보다 더 예뻐지고 건강해질 수 있다.

29 몸이 찌뿌둥하면 물을 마신다

'아이고, 삭신이야. 오늘은 아침부터 곡소리가 절로 나오네.'

'어제 일찍 잤는데, 왜 이렇게 피곤하지?'

물먹은 솜처럼 무거운 몸으로 하루를 시작하는 날에는 일단 물부터 한 잔 마시자. 우리 몸 전체를 관장하는 자율신경은 장 활동과 밀접한 연관이 있다. 장은 약간의 자극에도 쉽게 반응하는 예민한 장기인 만큼 물을 마셔 장을 움직이면 자율신경의 상태를 개선할 수 있다.

의욕이 없는 상태는 자율신경이 '수면 모드'에 들어간 것과 마찬가지. 수면 모드를 해제해야 휴대전화가 제 기능을 하듯, 우리 몸도 수면 모드를 해제해야 잠에서 깨어나 기지개를 켜고 활동하기 시작한다. 개운하지 않은 상태로 잠자리에서 일어난 날이나 일하다가 지쳤을 때, 혹은 집중력이 떨어질 때는 일단 물부터 한 잔 마시자. 온몸에 수분이 골고루 퍼지는 이미지를 떠올리며 천천히 음미해 보자.

자율신경은 의식적으로 전원을 켜고 끌 수 있다. 다만 권태감이 일주일 넘게 계속된다면 병원 진료를 받아야 한다. 병원에 갈 정도가 아니라면 물 한 잔으로 찌뿌둥한 몸 상태가 확실히 좋아질 수 있다.

30 몸을 꽉 조이지 않는 옷을 입는다

독한 다이어트로 살을 빼고 나면 날씬해진 몸매를 한껏 뽐내고 싶은 마음이 든다. 특별히 중요한 날에는 들어갈 데는 들어가고 나올 데는 나온 에스라인이 드러나도록 꽉 죄는 옷을 입거나 보정 속옷의 힘을 빌려 옷발을 살리고 싶다. 게다가 굽이 높고 발에 꽉 끼는 하이힐을 신으면 비율이 좋아 보여 사진발도 잘 받는다. 그런데 보기 좋은 꽉 죄는 옷이 몸에 큰 스트레스를 주고 자율신경의 균형을 무너뜨리는 원인이 된다는 것을 아는지?

몸을 옥죄는 시간이 길어지면 교감신경이 예민해지면서 가뜩이나 넘치는 피로에 이자까지 붙어 차곡차곡 쌓인다. 특별한 날에 아주 가끔 몸매가 드러나는 타이트한 옷으로 멋을 내는 것은 상관없지만, 평소에는 되도록 몸을 조이지 않고 벗기 쉬운 옷과 속옷을 선택하자. 블라우스 맨 위 단추는 풀어서 목 주위를 헐렁하게 해 주고, 격식을 갖출 필요가 없는 자리에서는 재킷을 잠시 벗어 두자.

물론 집에서는 헐렁하고 편안한 옷이 최고. 나를 위한 투자라 생각하고 집에서 입고 뒹구는 옷은 소재가 좋은 것으로 장만하자. 피부에 닿는 감촉이 부드럽고 몸을 조이지 않는 편안한 속옷을 외출용 속옷과 구분해서 입자.

평소 입는 옷만 바꾸어도 피로가 한결 줄어들 것이다.

루틴 3

내가 그렇지 뭐

31 '내 생각이었어', '내가 선택했어' 라고 생각한다

익숙하지 않은 일을 억지로 떠맡거나, 불편한 자리에 나와 달라는 연락을 받으면 마음이 무거워진다. 내키지 않는 일이나 초대를 거절하지 못하는 자신을 탓하는 사람도 있다. 그러나 모든 일은 마음먹기에 따라 얼마든지 달라질 수 있는 법!

어떤 일을 하기 싫다거나, 어떤 자리에 나가기 싫다는 생각과 감정은 모두 내가 만들어 낸 것이다. 부처님 같은 자비심으로 모두를 대하라는 말은 아니다.

다만 일의 원인과 결과를 확실히 파악해 스트레스를 줄이자는 말이다. '어떤 일을 택한 것'도 '그렇게 생각한 것'도 모두 나의 선택이었음을 깨달으면 어떤 의미에서 감정을 내려놓을 수 있어 조금은 마음이 편해진다.

스트레스를 내 마음이 만들어 내는 작용으로 받아들이면 답답하게 가슴을 짓누르던 체기가 서서히 내려가며 마음이 한결 가벼워질 것이다.

32 사흘에 한 번은 등 푸른 생선을 먹는다

지난 일주일 식단을 돌아보고 밥상에 생선이 몇 번이나 올라왔는지 세어 보자. 생선은 아무래도 진입 장벽이 높은 먹을거리다. 손질도 까다롭고, 집에서 조리하면 온 집 안에 비린내와 연기가 진동한다. 그렇다고 값이 싸지도 않다. 그래서 신선한 제철 해산물은 먹고 싶다고 아무 때나 먹을 수 있는 음식이 아니다. 특히 구울 때 연기가 많이 나는 등 푸른 생선은 장바구니에 담기 전에 몇 번씩 고민하게 되는 품목이다.

등 푸른 생선 속의 지방에는 불안감을 줄여 주는 성분이 들어 있어 몸과 마음 건강에 두루 도움이 된다. 특히 전갱이, 꽁치, 정어리, 고등어 등에 오메가3 지방산이 풍부하다. 식물성 기름에 들어 있는 오메가3 지방산도 피로를 풀어 주는 효과가 있다. 최근 오메가3 지방산의 불안 개선 효과에 관심이 집중되며 생선 오메가3 지방산 효과를 입증하는 연구 결과가 발표되기도 했다.

그래도 역시 생선을 매일 챙겨 먹기는 어렵다. 현실과 타협해 사흘에 한 번 정도는 섭취하자. 요리하기 귀찮다면 마트에서 포장된 횟감을 사 오거나, 꽁치나 고등어 통조림을 이용해도 좋다. 통조림 한 개면 충분하다. 통조림은 실온에서 장기 보관할 수 있으니 여러 종류를 넉넉하게 갈무리해 두고 다양한 요리에 요모조모 활용해 보자.

33 따뜻한 색조를 바라본다

한때 퍼스널 컬러 진단이 유행한 적이 있다. 자신에게 어울리는 색을 알면 화장이나 옷을 고를 때 여러모로 도움이 된다며 한동안 쿨톤이니 웜톤이니 하는 낯선 용어들이 쏟아져 나왔다.

색은 매력을 끌어올릴 뿐 아니라 우리 마음에도 큰 영향을 준다. 우울한 상태에 있는 사람은 한색 계열(푸른색이나 녹색)과 흰색, 검은색, 회색 등의 무채색 옷을 즐겨 입는 경향이 있다는 사실이 조사를 통해 밝혀지기도 했다. 한색 계열이나 무채색에는 부교감신경을 우위에 오게 해 기분을 가라앉히는 효과가 있다.

반대로 빨간색이나 주황색 등의 난색 계열은 교감신경의 작용을 활발하게 만들고, 체온을 올려 활기를 불어넣는 효과가 있다. 기분이 가라앉을 때는 무의식적으로 어두운 분위기의 옷을 고르는 경향이 있는데, 그럴 때일수록 의식적으로 옷장에서 밝은색을 꺼내 들자. 밝은색 옷이 부담스럽다면 작은 액세서리나 소품으로 포인트를 줘도 좋고, 손톱을 화사한 색의 매니큐어로 칠해도 좋다.

화장품 살 때만 퍼스널 컬러를 따지지 말고 색이 가진 힘을 현명하게 적극적으로 활용해 보자.

34 온종일 빈둥빈둥 누워서 뒹굴어도 후회하지 않는다

소파와 한 몸이 되어 뒹굴다 보니 어느새 하루해가 저물고, 하루를 허비한 자신이 한심해 후회하며 가슴을 치곤 한다. 이불 밖은 위험하다며 온종일 이불 안에서만 휴일을 보냈다 하더라도 앞으로는 자책하지 말자!

부정적인 마음으로 하루를 끝내면 우울함을 안은 채 다음 날을 맞이하게 된다. 그뿐만 아니라 수면의 질도 떨어져 밤새 뒤척이다가 피곤한 몸뚱이에 죄책감으로 무거워진 가슴을 안고 하루를 버텨내야 한다.

앞으로는 휴일에 뒹굴 때도 야무지게 계획을 세워 빈둥거리자.

'내일은 점심 먹을 때까지 자야지. 느지막이 일어나서 뒹굴뒹굴 놀다가, 최소한의 양심으로 저녁은 시켜 먹지 말고 간단하게라도 만들어 먹어야지.'

'일주일 동안 열심히 산 나, 칭찬해! 참 잘했어요. 오늘은 넷플릭스로 밀린 드라마를 정주행하며 배달 음식 시켜 먹고 열심히 놀아야지!'

이렇게 휴일 동안 신나게 빈둥거릴 계획을 세워 보자. 계획이 있으면 빈둥거린 후에도 후회하지 않고 오히려 계획을 달성했다는 보람을 느끼며 상쾌한 기분으로 하루를 마무리할 수 있다.

35 실수를 성장의 밑거름으로 삼는다

어처구니없는 실수를 연거푸 저지르면 못난 자신을 탓하며 우울해진다. 한번 우울해지면 우울함에서 빠져나오지 못하고 몇 날 며칠을 몸부림치며 질질 끄는 사람이 있다. 물론 같은 실수를 다시 하지 않는 게 최선이지만, 사람은 실수하는 생물이다. 세상에 완벽한 사람은 없다. 지금은 성공해서 완벽한 삶을 사는 듯 보이는 사람들도 과거에 수없이 많은 실수를 저지르며 괴로움에 몸부림쳤을 수 있다.

'실패는 성공의 어머니'라는 옛말을 새겨들어 손해 볼 것 없다.

'아차, 시간이 부족해서 실수해 버렸네. 다음에는 마감을 코앞에 두고 촉박하게 서두르지 말고 미리미리 해서 실수를 줄이자.'

'중간 점검 횟수를 늘리자.'

이렇게 실수를 통해 개선할 부분을 찾아내며 마음을 다잡자. 실수를 그대로 내버려 두면 매번 이불을 뻥뻥 차며 후회하겠지만, 실수에서 배우면 다음에는 같은 실수를 저지를 확률을 줄일 수 있다. 게다가 실수를 자신의 약점을 파악하는 기회로 삼을 수도 있다. 무슨 일이든 마음가짐에 달려 있다. 어떤 일이든 긍정적인 방향으로 전환할 수 있다고 마음먹으면 실수를 밑거름으로 삼아 성장할 수 있다.

36 계단을 오르내린다

회사에서 상사에게 신나게 깨지고, 퇴근 후 만난 연인과 싸우고, 수다나 떨려고 친구에게 전화했다가 말꼬리를 잡는 바람에 시비가 붙어 다투기까지……. 무슨 일을 해도 잘 풀리지 않고 꼬이는 날이 있다. 애써 밝은 생각을 하려 해도 머릿속에 온갖 부정적인 생각이 오가면서 마음이 한층 더 우울해진다. 마음의 문제는 마음으로 해결하기보다 몸을 움직여 처리하는 것이 효과적이다. 특히 '계단 오르내리기'의 효과는 그야말로 직방! 돈도 들지 않고 긴 시간을 투자할 필요도 없다. 평지를 걷는 것보다 한두 개 층을 오르내리는 게 낫다. 계단은 주변 어디에나 있다. 아파트 계단이든 회사 계단이든 외근을 나간 곳의 계단이든 어디든 상관없으니 머릿속이 복잡할 때는 엘리베이터를 타지 말고 한두 층 정도 걸어 보자.

입장권을 사거나 이용 요금을 낼 필요도 없으니 속는 셈 치고 계단 오르기에 도전해 보자. 몸을 움직이면 혈액 순환이 개선되고, 계단을 오르내리는 규칙적인 동작으로 부교감신경의 작용이 활발해져 무너진 자율신경의 균형도 바로잡을 수 있다. 문제를 해결할 방법은 몸과 마음을 바로잡고 난 후에 생각해도 늦지 않다.

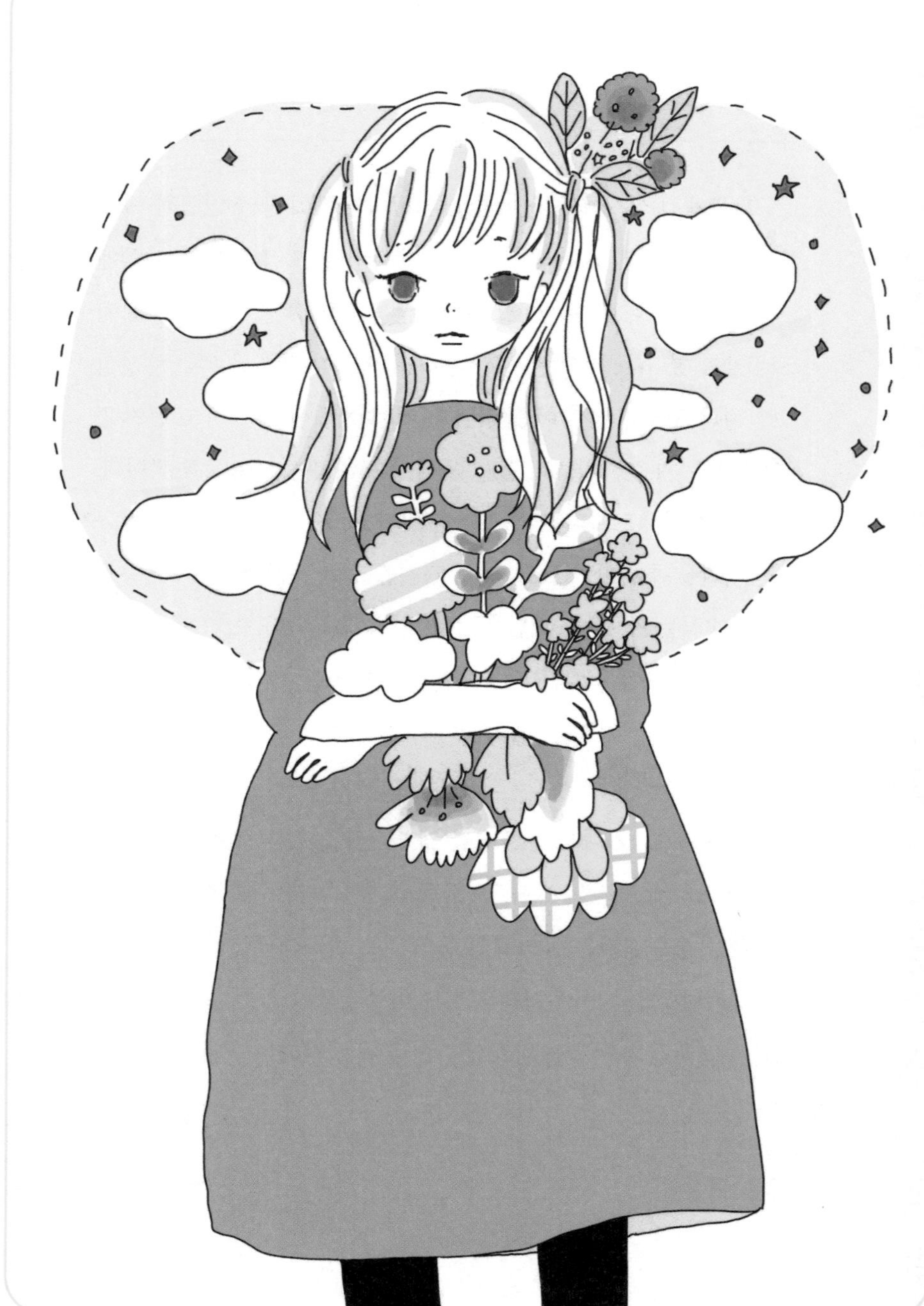

37 전화, 이메일, SNS는 내 속도에 맞춘다

스마트폰 하나로 다양하게 소통하는 세상이 왔다. 요즘은 누구나 전화와 이메일뿐 아니라 여러 종류의 SNS를 사용한다. 그야말로 누구와도 24시간 연락할 수 있는 초연결 사회에 살고 있다. 함께 있으면 즐거운 사람이나 좋아하는 사람과 보내는 시간은 참으로 행복하다. 그러나 상대방에게 맞추다 보면 내 시간이 점점 줄어든다. 혼자만의 시간이 필요한 사람에게는 고역이 아닐 수 없다. 우리 몸은 스트레스를 느끼면 자율신경의 균형이 무너진다. 연락 올 때마다 바로바로 확인하고 답장을 보내고, SNS에 새 글이 올라올 때마다 즉시 댓글을 다는 습관은 몸과 마음에 좋지 않은 영향을 줄 수 있다.

연락이 오면 일단 심호흡부터 하고 마음을 다스려 보자. 물 한 잔 마셔도 좋다. 심호흡과 물 한 잔으로 차분히 생각할 시간을 벌 수 있다. 그리고 내가 원할 때 답장한다. '밤 11시 이후에는 답장하지 않는다'와 같은 자신만의 규칙을 정해 놓고 지키려는 마음가짐도 중요하다. 상대방을 너무 배려하느라 질질 끌려다니지 말고 소통할 때도 자신의 속도에 맞추는 습관을 기르자.

38 참는 게 약이라고 생각하지 않는다

'나 하나만 참으면 그만인데, 그냥 참자.'

혹시라도 참는 게 습관이 된 건 아닌지 자신의 일상을 돌아보자.

'약속이 있어서 안 된다고 혹은 싫다는 말도 못 하고 꾸역꾸역 야근이나 하고.'

'괜히 의견 냈다가 독박이라도 쓰면 어떡해? 가만있으면 중간이라도 간다잖아.'

혹시 '참는 게 약'이라고 생각하며 살고 있지는 않은가? 다른 사람과의 관계에서 언제나 참는 쪽이라면 건강한 인간관계가 아니다. 당신의 인생은 당신의 것, 내 인생의 주인공은 내가 되어야 한다.

만약 앞으로 남은 시간이 1년뿐이라는 시한부 선고를 듣는다면, 그래도 지금처럼 계속 참고 살 것인가? 쓸데없는 의무감이나 책임감, 죄책감을 자극하는 말에 얽매이지 말고 자유롭게 소중한 사람과 즐기며 사는 게 인생이다. 그렇다고 제멋대로 살라는 말은 아니지만, 참기만 하는 인생은 너무 억울하다. 나를 괴롭히는 사람과는 거리를 두고, 함께 있어 즐거운 사람과 시간을 보내자. 억지로 참다가 마음이 무너져 내리기 전에 조금씩 자신을 해방해 주자.

39 다른 사람을 돕는다

'내가 그렇지 뭐. 제대로 하는 게 뭐가 있겠어…….'

자존감이 낮으면 늘 자신감이 없고, 주위 사람과 자신을 비교하며, 자신에게 부족한 부분을 찾아내 우울해진다. 하지만 나라는 사람은 누군가와 비교해 더 낫거나 더 못한 존재가 아니다. 지금, 이 세상에 태어나 살아 있다는 사실만으로도 충분히 가치 있는 존재다. 그러니 굳이 내가 못 하는 일이나 부족한 부분을 찾아내 한탄할 필요는 없다.

자신이 한심하게 여겨진다면 다른 사람을 돕는 일이 자존감 향상에 도움이 될 수 있다. 아들러 심리학에서도 사람이 행복해지기 위한 조건 중 하나로 타인을 돕는 행위를 꼽는다. 예를 들면 전철에서 어르신에게 자리를 양보하는 일처럼 작은 친절을 베푸는 일이다. 자리를 양보했더니 어르신이 "젊은이, 고맙네"라고 감사인사를 건네고, 나도 모르게 어깨가 으쓱해지며 뿌듯해진다. 작은 친절은 내가 나를 칭찬하는 행위와 같다. 이러한 행동을 반복하는 과정에서 '나는 다른 사람에게 친절을 베풀 수 있는 마음이 따뜻한 사람'이라는 긍정적인 자아상이 만들어진다. 그리고 자신을 사랑하게 된다.

40 긍정적인 감정을 소리 내어 말한다

언제나 최악의 결과를 생각해 미리 걱정하는, 이른바 '걱정이 팔자'인 사람이라면 지금 소개하는 간단한 방법을 꼭 실천해 보자.

그런데 사고방식은 유전자 수준에서 이미 정해져 있어, 부정적인 사고방식을 타고난 사람이 억지로 긍정적으로 생각하려 애쓰면 뇌가 혼란을 일으켜 부정적인 생각이 꼬리에 꼬리를 물고 이어질 수 있다는 사실이 연구를 통해 밝혀졌다.

그렇다면 유전자 차원에서 정해진 일은 의지로 바꿀 수 없으니 그냥 포기해야 할까? 다행히 유전자의 저주를 극복할 방법이 있다. 말이 가진 에너지를 활용하자. 긍정적인 감정을 소리 내어 말하기만 하면 그만이다.

"괜찮아. 잘될 거야."

"내일은 오늘보다 더 행복한 하루가 될 거야."

머릿속으로만 생각하지 말고 입으로 소리 내어 말해 보자.

"이 고비만 넘기면 술술 풀릴 거야."

힘든 순간에도 그 상황에서 밝은 부분을 찾아내 말해 보자. 다른 사람과 대화할 때도 '죄송합니다', '미안해요'보다는 '고맙습니다', '감사합니다' 같은 긍정적인 감정을 소리 내어 말하는 습관을 들이자.

소리 내어 말하는 동안 긍정적인 말들이 입버릇처럼 배면 마음에 긍정적인 기운이 쌓여 조금이나마 긍정적인 사람이 될 수 있다.

41 정해진 일은 야무지게 끝내고 반성은 나중에

"오늘은 이 옷으로 정했어!"

외출하기 전에 거울 앞에 서서 몇 번이고 입었다 벗기를 반복하며 입을 옷을 정한다.

'아, 그냥 처음에 꺼낸 옷으로 입고 나올걸…….'

'구두가 묘하게 안 어울리는데. 발만 동동 떠 보이네.'

그런데 막상 외출해서는 우연히 유리창에 비친 내 모습을 보고 후회로 머릿속이 복잡해진다. 옷 하나 골라 입기도 이렇게 힘든데, 회사 일이라고 쉬울 리 만무하다. 회사에서도, 친구를 만날 때도, 생활 속에서 결단을 내려야 하는 상황이 수없이 많다. 무언가 하나를 정할 때마다 결정장애를 일으켜 머리를 싸매고 한참을 고민하고 나면 이내 마음이 너덜너덜해진다. 결정할 때까지는 심사숙고해도 좋으나, 일단 결정하면 망설이지 말고 행동하자. 설령 그 결정이 정답이 아닐지라도, 나중에 고생하거나 화가 나더라도, 일단 저지르고 보자. 후회는 종이나 스마트폰 메모장에 기록해 두고 일단 잊어버리자. 모든 일을 마친 후 적어 둔 글을 보며 다음에는 이렇게 하자고 반성하면 그만이다. 일단 결정하면 망설이지 않겠다는 각오만으로도 마음가짐이 달라질 수 있다.

망설이는 습관을 버리면 실제로 후회하고 반성할 일도 줄어든다.

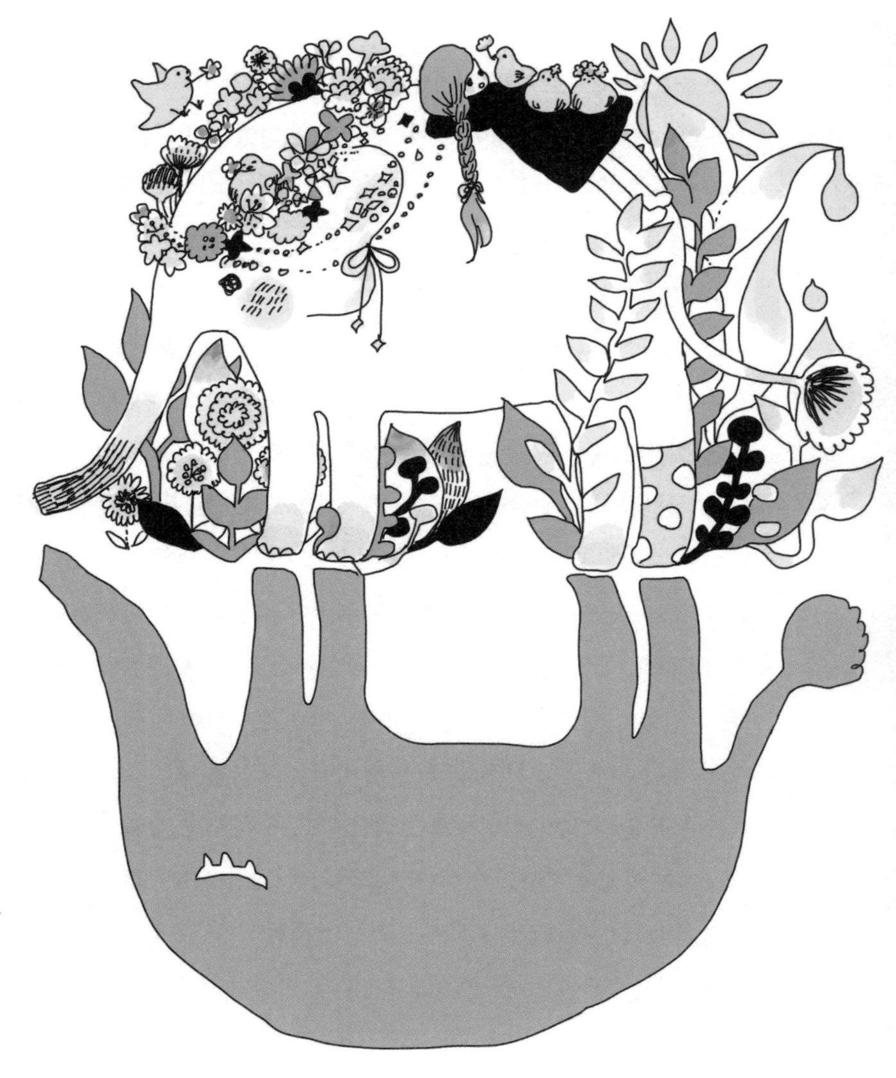

42 완벽주의를 버린다

매사에 '모 아니면 도', '흑 아니면 백'으로만 판단하는 완벽주의 사고방식.

'한 문제라도 삐끗하면 끝장이야. 100점이 아니면, 1등이 아니면 알아주지 않는 세상이잖아!'

'적어도 ○○ 정도는 해야지.'

완벽주의자가 빠지기 쉬운 함정이 있다.

'혹시 내가 싫어진 건가? 헤어지자는 신호?'

연애할 때도 잠깐만 연락이 늦으면 오만 가지 생각과 지레짐작으로 설레발을 치며 결론을 낸다. 그 결론은 꼭 극단적이다. 그런데 세상에는 답이 똑 떨어지지 않는 애매한 회색 지대가 존재한다. 흑이나 백으로 명확하게 구분할 수 있는 영역보다 이도 저도 아닌 회색 지대가 훨씬 더 많다. 같은 사람이라도 의견이 바뀔 수 있고 틀릴 때도 있다. 인생살이 새옹지마라고, 살다 보면 좋은 날도 있고 나쁜 날도 있다. 쥐구멍에도 볕 들 날이 있다고, 인생이 항상 불행하기만 한 사람은 없다. 완벽주의자는 나쁜 일은 확대하고 좋은 일은 축소해서 생각하는 습성이 있다. 작은 실수는 인생을 망치는 큰 실수로, 성공은 어쩌다 운이 좋았던 것으로 저평가하는 경향이 있다. 완벽주의자 기질이 있다면 한 번쯤 전체를 조망해 보자. 나무가 아닌 숲을 보는 것이다. 평소의 일방적인 '선입관'을 잠시 접어 두면 의외로 사는 게 즐거워질 것이다.

43 무슨 일이든 자신과 연관 짓지 않는다

회사에서 후임이 업무상 실수를 저질렀을 때 내가 제대로 가르쳐 주지 못해서, 내가 도와주지 않아서 그랬다고 자책하는 사람이 있다. 나쁜 일이 생기면 나와 전혀 관계가 없는 일인데도 어떻게든 자기 탓을 해야 직성이 풀리는 사람이다. 자신의 실수를 남에게 덮어씌우고 남 탓만 하는 사람도 문제지만, 무슨 일이든 자신과 연관 지어 죄책감을 느끼는 사람도 문제다. 그런 사람은 속이 까맣게 타다 못해 썩어 문드러질 수밖에 없다. 특히 관리직이나 교직, 복지 관계자처럼 다른 이를 돕는 일을 하는 사람이 이런 사고의 함정에 빠지는 경향이 있다.

다른 사람의 실수나 실패에 지나친 책임을 느끼지 말자. 남은 남이다. 어쩌다 나와 같은 직장에서 같은 사무실에서 일할 뿐이다. 직장 동료라는 접점이 있어도 그 사람은 내가 아니다. 각자의 상식이 다르다. 내가 100% 영향을 준다는 생각은 과대망상이다. 설령 부모 자식 관계라도 마찬가지다. 내가 도와주었더라도 그 사람은 실패했을 수 있다. 나는 나, 남은 남이라는 경계선을 확실하게 긋고 냉정하게 거리를 두고 생각하자.

루틴 4

뭘 해도 의욕이 없어

44 자고 일어나면 커튼을 열어 아침 햇볕을 듬뿍 맞는다

아침에 잠자리에서 일어나면 바로 커튼을 열고 아침 햇볕을 듬뿍 맞아 보자. 아침 해를 쬐면 체내시계가 재설정되어 의욕 스위치에 불이 들어오고 몸과 마음이 활동 모드에 들어간다. 온몸으로 햇볕을 쬐는 게 핵심이다. 태양 에너지가 온몸에 골고루 퍼진다고 상상하며 햇살 속에서 하루를 시작하자. 햇볕을 맞으며 기지개를 켜고 가벼운 스트레칭으로 자는 동안 굳은 몸을 풀어 주면 더할 나위 없이 상쾌한 기분으로 하루를 보낼 수 있다.

최근에는 체내시계 개념을 도입한 수면 전문 호텔도 등장했다. 해당 호텔에는 자기 전에 기상 시간을 설정해 두면 아침에 커튼이 자동으로 열리며 아침 해가 들어오는 구조로 설계한 특별한 방이 마련되어 있다고 한다. 이 같은 호캉스를 즐길 여유가 없는가? 괜찮다. 집에서 어렵지 않게 호텔 기분을 낼 방법이 있다. 인공조명이 가득한 도심 한복판에 살지 않는다면 아침 해가 방에 들어올 수 있도록 암막 커튼을 걷어 두고 잠자리에 들자. 아침 해를 보면 16시간 후에 멜라토닌이라는 수면 호르몬이 분비되어 해가 지고 밤이 오면 자연스럽게 졸음이 와서 까무룩 잠이 들 수 있다. 아침 햇살만으로도 체내시계 리듬과 자율신경 균형을 바로잡을 수 있다. 재택근무로 외출이 줄어든 요즘 같은 시기일수록 적극적으로 아침 일광욕을 즐기며 몸과 마음을 다잡자.

45 1분 명상으로 긴장을 이완한다

긴장해서 목덜미가 뻣뻣해지고 손발이 곱은 느낌이 들거나 피곤해서 꼼짝도 하기 싫을 때는 1분 정도 명상에 잠겨 보자. 명상은 '바로 이 순간에 집중'하는 행위다. 아무것도 생각하지 말고 눈을 감은 채 심호흡에 집중해 보자. 천천히 코로 숨을 들이마시고 입으로 내뱉을 때 몸 안의 긴장과 힘이 숨과 함께 밖으로 나간다고 상상하며 호흡에 집중하자. 머릿속에 이런저런 생각이 꼬리에 꼬리를 물고 떠오른다면, 생각의 단편을 쫓지 말고 생각이 든 상자의 뚜껑을 가만히 눌러서 닫는 상상을 해 보자.

'프레젠테이션 생각만 해도 식은땀이 나네. 이번에도 긴장해서 망치면 안 되는데.'

프레젠테이션 걱정은 잠시 상자에 넣어 두고, 앞으로 일어날 일을 미리 생각하지 않는다.

자신의 사고를 고찰해 객관적으로 바라보면 점점 마음이 차분해진다. 최대한 조용한 장소에서 몸을 조이지 않는 편한 복장으로 명상에 잠기면 제일 좋지만, 상황이 허락하지 않는다면 화장실이라도 상관없다. 회사 화장실에서라도 1분 정도는 명상에 잠길 수 있다. 1분 명상을 꾸준히 실천하면 스트레스가 가라앉으며 몸과 마음의 긴장이 풀리는 느낌이 든다. 명상은 집중력을 유지해 주는 효과도 있으니, 일이나 공부로 지친 머리를 쉴 때도 1분 명상을 활용해 보자.

46 30분가량 낮잠을 잔다

점심 식사 후 자리에 앉으면 졸음이 솔솔 쏟아져 나도 모르게 병든 닭처럼 고개를 끄덕이며 꾸벅꾸벅 졸던 경험, 누구에게나 있지 않을까? 진한 커피를 마시고 졸음 쫓는 껌을 턱이 아프도록 씹으며 갖가지 비책으로 온몸을 덮치는 수마에 저항해 보지만, 야속한 졸음은 좀처럼 물러날 줄 모른다.

식곤증은 음식을 소화하기 위해 부교감신경의 작용이 활발해지면서 나타나는 현상이다. 잠이 쏟아져서 도저히 버틸 수 없을 때는 차라리 30분 정도 낮잠을 자는 게 낫다. 오히려 '파워냅(Power-nap)'이라고 해서 짧은 낮잠이 어지간한 자양 강장 음료보다 낫다는 연구 결과도 있다. 집중력과 학습 능력을 높이고 오후에도 효율적으로 업무에 집중하고 싶다면 점심 식사 후 30분가량 낮잠을 자자.

낮잠은 최대한 빛이 들지 않는 곳에서 자는 게 좋다. 불을 끌 수 없는 환경이라면 안대나 눈을 가릴 수 있는 찜질팩 등으로 빛을 가리자. 또 커피 등 음료에 들어 있는 카페인 성분은 약 30분 후에 효과가 나타나니 개운하게 낮잠에서 깨어나고 싶다면 자기 전에 커피를 미리 마셔 두자. 30분 낮잠이 힘든 여건이라면 눈을 감고 잠시 멍하게 있는 것으로 뇌를 쉬게 해 줄 수도 있다. 오후에 업무를 효율적으로 처리하고 정시에 퇴근하고 싶다면 오늘부터 '30분 동안의 낮잠'을 실천해 보면 어떨까?

47 GI 수치가 낮은 탄수화물을 섭취한다

탄수화물 제한 다이어트 열풍이 이어지고 있다. 탄수화물 하면 주식부터 떠오르는지 밥과 빵, 면 등을 입에도 대지 않고 다이어트에 열을 올리는 사람도 있다. 그러나 극단적인 탄수화물 제한 식단은 바람직하지 않다. 탄수화물은 우리 몸의 에너지원이 되는 중요한 영양소다. 탄수화물이 부족하면 체력이 떨어지고, 피로를 쉽게 느끼며, 뇌에 에너지가 부족해져 집중력과 사고력이 저하된다. 탄수화물이 부족하면 기억력이 감퇴한다는 연구 결과도 있다. 그뿐 아니라 혈관 노화를 촉진한다는 사실도 밝혀졌다.

탄수화물을 먹으면 살이 찌고, 그렇다고 아예 안 먹을 수도 없어 고민이라면 GI 수치가 낮은 탄수화물 식품을 똑똑하게 골라 먹자. 메밀과 현미, 통밀빵과 통밀 파스타, 귀리(오트밀) 등은 GI 수치가 낮은 식품이다. 하얗게 정제한 식품보다 갈색을 띠는 식품이 GI 수치가 낮다고 외워 두면 편리하다. GI 수치가 높은 식품은 혈당치를 가파르게 상승시켜 식곤증을 유발해 머리가 멍해진다.

탄수화물을 극도로 제한하는 다이어트로 몸무게를 줄일 수는 있어도 자칫 건강을 해치고 삶의 질이 저하될 수 있다. 그러나 뇌와 몸에 에너지를 보급해 주는 GI 수치가 낮은 탄수화물과 함께한다면 다이어트와 건강이라는 두 마리 토끼를 모두 잡을 수 있다.

48 간식을 똑똑하게 활용한다

퇴근 시간이 가까워지면 허기가 몰려와 일에 집중하기 어렵고 기운도 떨어진다. 다이어트를 위해 간식을 먹지 않는 사람도 있는데, 간식을 똑똑하게 활용하면 간식을 먹으면서도 날씬한 몸매를 유지할 수 있다. 기존의 다이어트는 칼로리 제한, 지방 제한, 탄수화물 제한 등 '제한'할 것투성이였다. 하지만 간식을 똑똑하게 섭취하면 폭식을 예방해 살이 덜 찌는 체질로 만들 수 있다. 또 속이 출출하면 아무래도 신경이 곤두서는데, 간식으로 허기를 채우면 한껏 곤두섰던 기분이 차분하게 가라앉으며 집중력도 돌아온다.

앞으로는 '간식=군것질'이라는 사고방식을 버리고 '간식=가벼운 식사'라고 관점을 바꾸자. 요구르트, 치즈, 삶은 달걀, 어육 소시지처럼 단백질이 풍부한 식품과 생채소를 막대 모양으로 잘라 밀폐 용기에 넣어서 가지고 다니면 훌륭한 간식이 된다. 특히 호두 같은 견과류는 영양가가 풍부하고 포만감을 주어 간식으로 적합하다. '달콤한 디저트 간식'은 특별한 날 나를 위해 주는 상으로 아주 가끔만 즐기자.

49 대두 식품을 섭취한다

두부, 두유, 청국장, 낫토 등의 대두 식품에는 여성 호르몬과 비슷한 역할을 하는 이소플라본이 풍부해 여성에게 추천할 만하다. 콩이 여성에게 좋은 식품이라는 사실이 알려지면서 갱년기를 맞아 콩을 부지런히 챙겨 먹는 여성도 많아졌다.

대두에는 이소플라본 외에도 트립토판이라는 아미노산이 풍부하게 함유되어 있다. 트립토판은 유제품과 견과류, 달걀, 바나나 등에 들어 있는 성분으로, 행복 호르몬인 세로토닌을 만드는 재료가 된다. 갱년기가 아니라도 우울하거나 기운이 없을 때는 콩으로 만든 식품을 챙겨 먹자.

콩으로 만든 음식을 먹을 때는 특히 더 꼭꼭 씹어 먹어야 한다. 턱을 움직여 규칙적으로 음식을 씹는 동작으로 소화를 돕고 세로토닌 분비도 촉진할 수 있기 때문이다.

한입에 약 20번, 5분 이상 천천히 씹도록 노력하자. 아무리 바빠도 하루에 한 끼는 온전히 식사에 집중할 시간을 마련하면 세로토닌 분비를 촉진할 수 있다. 우울할 때는 식단에 콩으로 만든 식품을 추가해 보자.

50 MCT 오일을 섭취한다

건강이나 미용에 관심이 있는 사람이라면 MCT 오일을 들어본 적 있으리라. MCT 오일은 코코넛 오일의 천연성분을 가공해 만드는 것으로, 기름이지만 몸에 지방으로 잘 축적되지 않는 성질이 있어 다이어트 특효약으로 화제가 되었다. 그 밖에 뇌의 피로를 풀어 주는 효과도 있다.

일반적으로 우리 뇌는 포도당을 영양원으로 사용하는데, 적정량이라면 MCT 오일로 생성되는 케톤체도 뇌에 강력한 에너지 공급원이 될 수 있다는 논리다.

업무나 공부로 지칠 때 MCT 오일을 한 숟가락 정도 섭취해 보자. 특별한 맛과 냄새가 없고 기름 특유의 불쾌한 끈적임도 없어 요리와 음료의 맛에 크게 영향을 주지 않기 때문에 다양한 방법으로 섭취할 수 있다. 요구르트나 커피, 수프, 샐러드 등에 첨가하면 간편하게 섭취할 수 있다. 도통 기운이 나지 않고 온몸이 찌뿌둥할 때는 에너지 공급원으로 MCT 오일을 시도해 보자.

51 푸른색을 바라본다

사무실이나 공부방 책상 위에 있는 문구나 소품, 컴퓨터, 주변 기기 등의 색상을 확인해 보자. 아무래도 좋아하는 색상의 물건이 많을 것이다. 집중력이 부족해서 고민이라면 푸른색을 추천한다. 푸른색은 마음을 안정시키는 호르몬인 세로토닌을 분비시켜 집중력을 높여 주는 효과가 있기 때문이다.

업무 마감이나 시험이 코앞에 닥쳤을 때 특히 효과를 발휘하는 색상이다. 푸른색 물건을 보며 심호흡한 후에 업무와 공부를 다시 시작해 보자. 청록색이나 옅은 남색 등 푸른색 계열도 같은 효과를 내니 푸른색을 적극적으로 활용해 보자.

푸른색을 볼 때 분비되는 세로토닌은 식욕을 억제하는 효과도 있다. 과식이나 폭식으로 고민하는 사람은 푸른색 식기나 식탁 매트 등을 장만해 보자. 반대로 붉은색은 에너지를 주고 정신적으로 충족감을 느끼는 효과가 있는 만큼 반짝 집중해야 하는 순간에는 적합하지 않다.

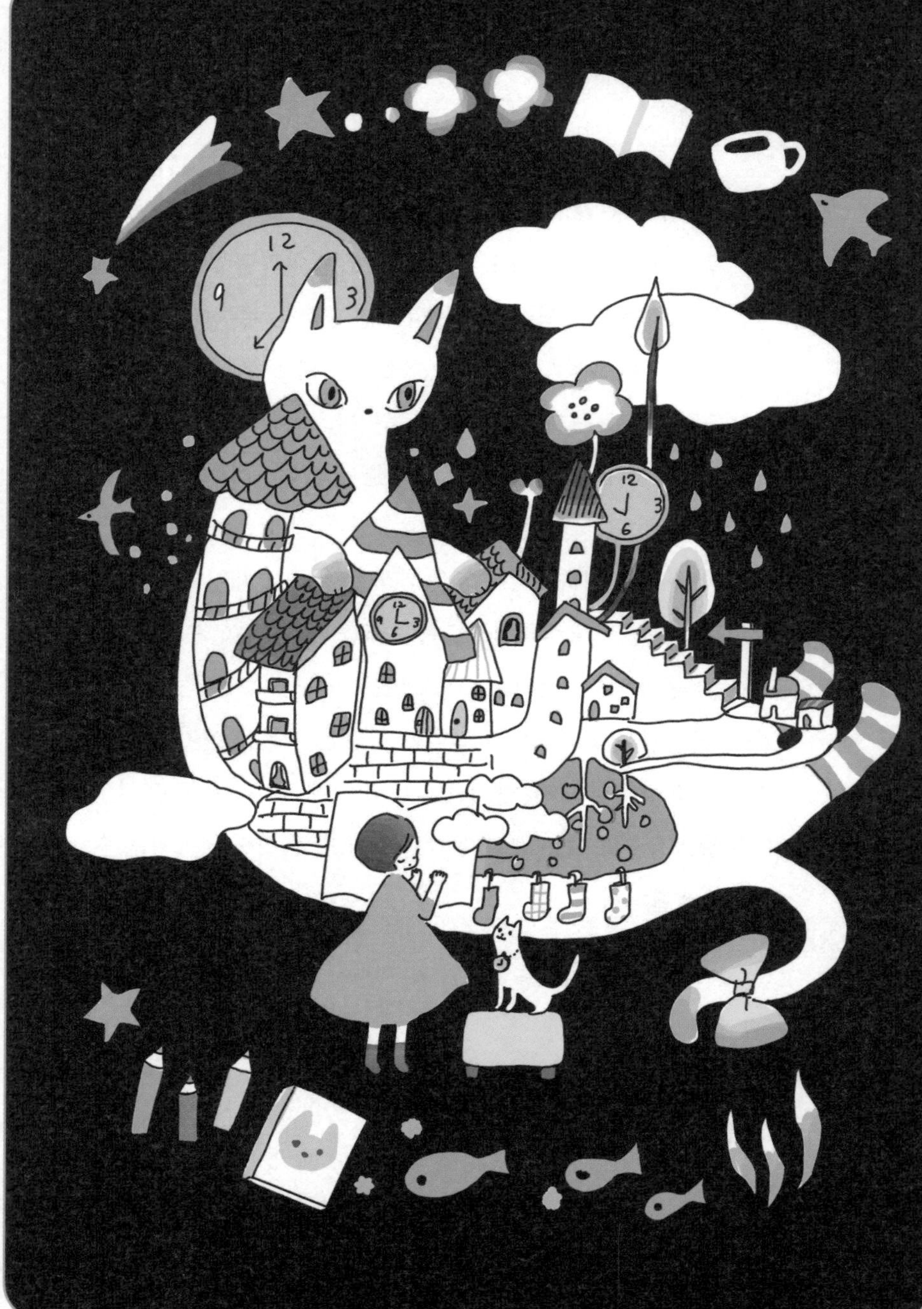

52 제한 시간을 정한 후 몰입한다

바짝 집중해서 몰아치듯 일하면 마치 신이 내린 듯 미칠 듯한 속도로 진도를 나갈 때가 있다. 반대로 온갖 잡생각이 교대로 떠올라 도무지 일에 집중할 수 없어 제자리걸음만 하는 날도 있다.

여성 중에는 남성과 비교해 한꺼번에 여러 가지 일을 동시에 할 수 있는 멀티태스킹 능력을 자연스럽게 타고난 사람이 많다. 그런데 이 멀티태스킹 능력이 과도하게 발달해 한 가지 일에 집중하지 못하겠다고 하소연하는 사람도 있다.

의욕적으로 한 가지 일에 집중해야 할 때는 제한 시간을 정하자. 사람이 고도의 집중력을 유지할 수 있는 시간은 15분 남짓이며, 그 세 배인 약 45분이 인간 집중력의 한계로 알려져 있다.

그래서 초등학교 수업 시간이 45분으로 정해져 있다. 같은 작업을 계속하더라도 45분이 지나면 잠시 일을 멈추고 휴식을 취하자. 제한 시간을 정함으로써 마음을 안정시키며 의욕과 집중력을 효과적으로 발휘할 수 있다. 같은 시간에 훨씬 효율적으로 일과 공부에 몰입할 수 있다.

53 날씨가 끄물끄물한 날에는 밝은색 옷을 고른다

하늘이 흐린 날은 기분도 우중충해진다. 날씨에 따라 감정이 널 뛰듯 오르내리는 증상을 가리키는 '날씨병' 또는 '기상병'이라는 신조어도 있다. 날이 궂으면 뼈마디가 아프거나 삭신이 쑤신다고 호소하는 사람이 많다. 이는 날씨에 따라 자율신경의 작용이 달라지면서 나타나는 신체적 증상이다.

맑은 날에 교감신경 작용이 우위에 오는 것과 달리 추적추적 비가 내리는 날에는 부교감신경이 우위에 오면서 몸이 휴식 모드에 들어가기 때문이다.

그렇다고 일기예보를 확인하고서 흐림이나 비 예보가 나온 날에 휴가를 낼 수도 없는 노릇이다. 유난히 날씨를 탄다면 비가 오거나 흐린 날에 밝은색 옷을 입어 의욕 스위치를 켜 보자. 붉은색은 에너지를 주는 색으로 몸을 따뜻하게 해 주는 효과도 있다. 주황색은 따스한 기운을 드러내는 색으로 불안과 압박감을 줄여 주는 효과가 있다. 햇빛에 가까운 노란색은 즐거운 감정을 일으키는 색으로 이해력과 기억력, 판단력을 높여 준다. 평소에 무채색 계열 옷을 주로 입어 밝은색 옷차림에 거부감이 든다면 눈에 잘 띄지 않는 속옷이나 신발을 밝은색으로 선택해 보자. 밝은색을 걸치기만 해도 의욕이 퐁퐁 샘솟는 기분을 느낄 수 있을 것이다.

54 지금 하는 일에 의식을 집중한다

의욕이 바닥을 칠 때는 내 코가 석 자라 주위를 돌아볼 마음의 여유가 없다. 처리해야 할 업무는 산더미처럼 쌓였는데, 점심으로 뭘 먹을지 진지하게 고민하느라 일은 뒷전이다. 눈치를 살살 보며 회사 주변 맛집을 검색하고, 배달 애플리케이션 별점까지 꼼꼼하게 확인한다. 퇴근 시간까지 끝내야 하는데 주말 계획을 세우느라 마음이 콩밭에 가 있어 일이 손에 잡히지 않는다. 멍하니 인터넷 뉴스 댓글이나 읽고 있다. 자! 휴대전화를 내려놓고, 검색 엔진 뉴스 창을 닫고, SNS 새로 고침 버튼은 그만 누르고 지금 해야 할 일에 의식을 집중하자.

'지금 밥 먹는 중이야. 어라, 오늘은 잡곡이 안 들어간 흰 밥이네.'

밥을 먹을 때는 눈앞에 놓인 음식에 집중하자.

'물을 마시고 있어. 한 모금, 한 모금 천천히 음미하며 마시자.'

물을 마실 때도 목으로 넘어가는 물 한 모금에 의식을 집중하자.

'세수하는 중이야. 미세먼지가 많은 날이었으니까 오늘은 평소보다 더 꼼꼼히 닦아 내자.'

세수할 때도 세수하는 동작에 최대한 집중해야 한다.

별 쓸데없는 일에 집중력을 낭비한다는 생각이 들 수도 있겠지만, 일단 믿고 실천해 보라. 아무리 사소한 일이라도 그 일에 의식을 집중해 행동하면 집중력을 높일 수 있다.

행동 하나하나에 의식을 집중하다 보면 차츰 일이나 공부하는

도중에 쓸데없는 생각을 하지 않게 되고, 눈앞의 일에 온전히 집중하게 된다. 마음을 비우는 건 도를 닦는 수준의 어려운 일이지만, 지금 하는 일에 의식을 집중하는 것만으로도 머리를 비우고 집중력을 유지할 수 있다.

55 머리가 아니라 손을 움직인다

'할 일은 넘쳐나는데 꼼짝도 하기 싫고. 아, 격렬하게 아무것도 안 하고 싶다!'

"안녕히 계세요, 여러분! 저는 이 세상의 모든 굴레와 속박을 벗어던지고 제 행복을 찾아 떠납니다!"

언젠가 인터넷에서 본 퇴사할 때 단체 대화방에 올린다는 문구를 외치며 회사 문을 박차고 뒤도 돌아보지 않고 도망가고 싶다. 그러나 목구멍이 포도청이라고, 사표를 내면 이번 달 카드 대금은 어쩔 것이며 뒷수습은 어쩐단 말인가. 미래의 내가 해결해 주는 데도 한계가 있다.

머리를 써야 하는데 머리가 돌아가지 않을 때는 일단 손을 움직이자. 출력한 자료를 파일에 철하거나, 책상을 정리하거나, 우편물에 하나하나 주소를 붙이고……. 무슨 일이든 좋으니 손이나 몸을 움직이자. 학창 시절 시험 전날 정리의 신이 강림했던 기억을 떠올려 보자. 필통을 정리하고, 책상 서랍을 정돈하고, 발동이 걸리면 엄마의 잔소리 폭격에도 미뤄 뒀던 방 정리까지 뚝딱 끝냈던 그 시절의 경험. 압박감이 한계점을 돌파하며 보인 이상 행동이었다고 자기합리화할 필요 없다. 알고 보면 심리학적으로 타당한 행동이었다.

마음에 여유가 있으면 살짝 어질러진 정도는 관대하게 넘길 수 있는데, 의욕이 없을 때는 키보드 사이에 먼지 한 톨까지 거슬린

다. 책상 앞에 앉아 의욕의 신이 강림할 때까지 기다리지 말고, 사부작사부작 몸을 움직이고 꼬물꼬물 손을 쓰자. 그 과정에서 자율신경의 균형이 바로잡히며 몸과 마음이 집중할 준비를 시작한다는 사실, 잊지 말자!

56 일단 자리에서 일어난다

우리는 하루에 몇 시간 앉아 있을까? 코로나19로 재택근무가 늘어나면서 앉아 있는 시간이 늘었다는 사람이 많다. 현대인은 앉아 있는 시간이 압도적으로 길다. 보건복지부와 질병관리본부가 발표한 <2014 국민건강통계>에 따르면 한국인은 하루 평균 7.5시간을 앉아서 보낸다. 장시간 앉아 있으면 혈액 순환이 정체되고 대사 작용이 저하된다. 그래서 특히 사무직 종사자 중에 팔다리가 퉁퉁 붓거나, 자고 일어나면 얼굴이 달덩이처럼 부어 고민하는 사람이 많다. 부기는 혈액 순환이 정체되었다는 증거다. 온종일 앉아서 지내면 뇌에 산소와 영양분이 충분히 공급되지 못해 머리가 멍해지고 집중력이 떨어진다.

1시간가량 계속 앉아 있으면 기대 수명이 22분 줄어든다는 무시무시한 연구 결과도 있다. 8시간 이상 앉아서 생활하는 사람은 사망 위험도 덩달아 상승한다고 알려져 있다. 건강을 위해, 또 집중력을 발휘하기 위해 한 시간에 한 번 정도는 자리에서 일어나 몸을 움직이며 휴식하자. 간단히 몸을 풀어 주는 스트레칭을 하고 물 한 잔 마시면 부기와 이별하고 건강하게 오래 살 수 있다. 내일 아침 거울 앞에서 보름달이 된 얼굴과 퉁퉁 부은 코끼리 다리를 보고 싶지 않다면, 지금 당장 자리에서 일어나 움직이자!

NOTE
BOOK

57 자주 사용하는 물건은 정기적으로 새로 장만한다

대체로 우리 일상은 아침에 일어나서 밤에 잠자리에 들 때까지 다람쥐 쳇바퀴 돌듯 정형화된 틀 안에 갇혀 있다. 아침에 출근해서 일하다가 점심시간이 되면 밥을 먹고, 퇴근한 후에는 대충 씻고 누워서 휴대전화를 만지작거리다 잠이 든다. 당신의 일상도 이 틀에서 크게 벗어나지 않을 확률이 높다. 매일 비슷비슷한 일상이 이어지면 그날이 그날 같다. 매일 같은 일이 반복되면 사는 게 지루해질 수 있다.

단조로운 일상에 새로운 바람을 불어넣고 싶다면 자주 사용하는 물건을 정기적으로 새로 장만해 보자. 스마트폰, 옷, 신발, 화장품, 지갑, 주방용품, 인테리어 등 지갑 사정이 허락하는 범위에서 바꿔 보자. 새 옷을 입은 날에는 뭔가 좋은 일이 생길 것 같은 설레는 기분이 들어 출근하는 발걸음이 괜히 가벼워진다. 설렘은 도파민 자극으로 생기는 신체적 현상이다. 이 작은 설렘만으로도 의욕이 솟아나 평범한 하루를 특별한 하루처럼 행복하게 보낼 수 있다.

꼭 비싼 물건이 아니어도 좋으며, 자주 사용하는 물건일수록 효과적이다. 볼펜 한 자루라도 새로 장만하는 아주 작은 변화가 일상에 새로운 바람을 불어넣어 의욕의 불씨를 활활 지피는 풀무가 되어 줄 것이다.

58 알람을 활용한다

학창 시절에는 수업 시작부터 끝나는 시간까지 매 순간 종소리가 알려 주었다. 그 시절에는 종소리만 들어도 파블로프의 개처럼 기분이 달라졌다. 특히 점심시간을 알리는 종소리를 앞두고는 급식실로 총알처럼 뛰어가기 위해 마치 출발선에 선 단거리 선수처럼 몸과 마음을 준비하곤 했다.

재택근무가 일반화되면서 회사에 출근하지 않고 집에서 일하다 보니 아무래도 일이 늘어지는 경향이 있다. 도통 업무 진도가 나가지 않아 고민이라면 학창 시절 추억을 소환해 알람을 활용해 보자.

아침에 알람 소리로 하루를 시작한다. 다음 알람이 울리면 아침을 먹고, 다음 알람이 울리면 잠옷을 벗고 평상복으로 갈아입는다. 그리고 다시 알람이 울리면 일을 시작한다. 일하다가 지칠 때쯤 알람이 울리도록 설정해 두고 일을 시작하면 편하다. 알람이 울리면 간식을 먹거나 잠시 몸을 움직여 의욕을 자극하며 생활 리듬을 유지한다. 실제로 나는 하루에 열 개나 되는 알람을 설정해 둔다. 알람이 울릴 때마다 심기일전하는 기분으로 집중력을 유지하면 생각보다 빠르게 업무를 처리할 수 있다. 앉아 있는 시간은 긴데 끝나고 나면 한 일이 거의 없어서 고민인 사람은 꼭 알람을 활용해 느슨해진 생활 리듬을 바로잡아 보자.

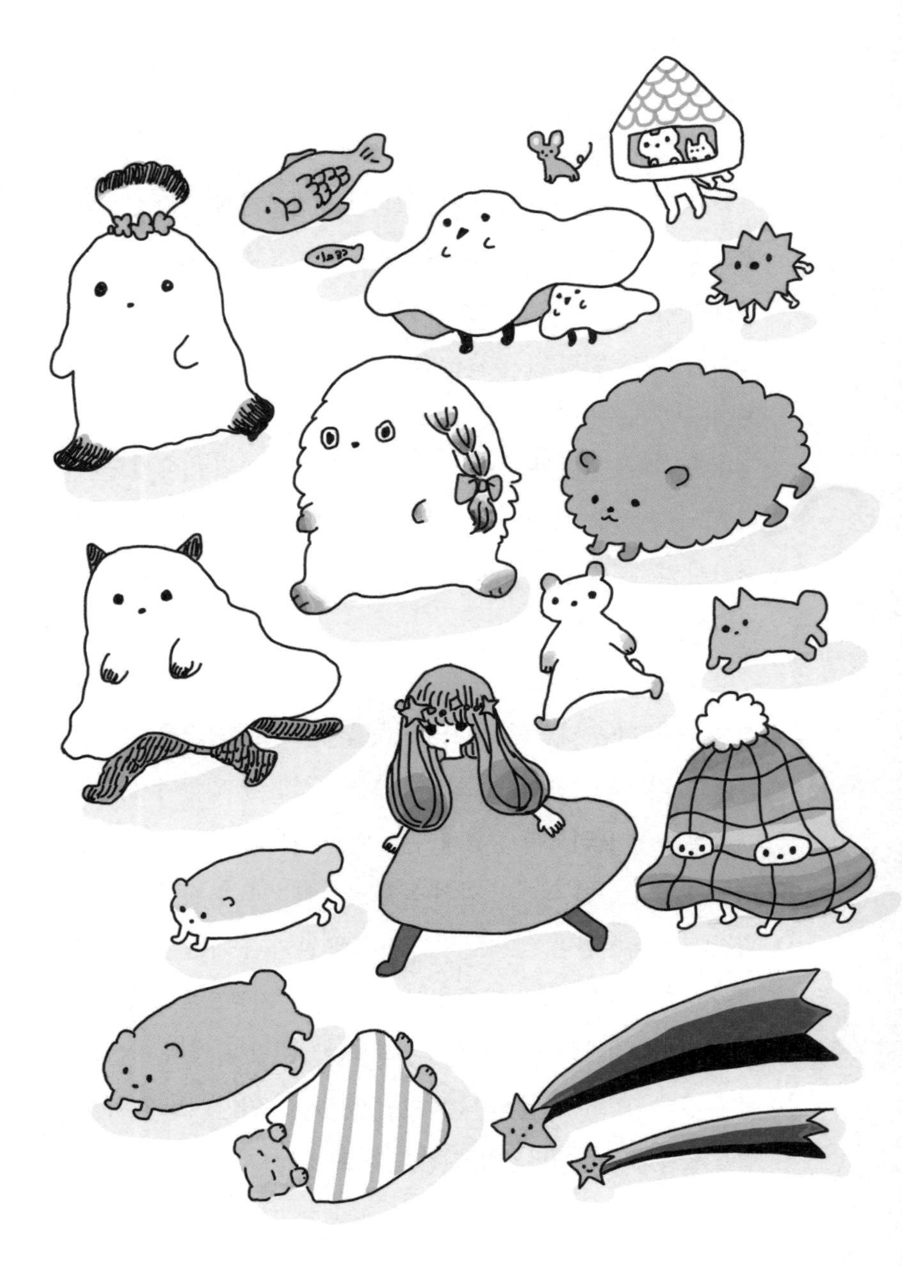

59 평소와 다른 일을 적극적으로 시도해 본다

의욕 호르몬인 도파민은 즐거움, 기쁨, 긍정적인 생각, 집중력을 높여 주는 감정과 생각, 이성과 의식 등과 관계가 있다. 술, 담배, 도박 중독 등도 도파민 분비와 관련이 있다.

도파민을 현명하게 활용하면 의욕을 끌어올리고 동기를 부여할 수 있다. 도파민이 분비되도록 새로운 일에 도전해 보자. 새로운 일을 하면 뇌가 자극된다.

새로운 일이라고 해서 거창한 일에 도전할 필요는 없다. 출퇴근 경로를 평소 다니는 길과 다르게 바꾸거나, 평소 다니던 마트 대신 다른 곳에서 장을 보는 등의 작은 변화로 도파민 분비를 유도할 수 있다.

사소한 변화만으로도 뇌는 신선한 자극을 받아 활성화되고 보람을 느낀다. 아무리 짜내도 의욕이 솟아나지 않을 때는 평소에 하지 않던 일에 적극적으로 도전해 뇌를 자극하자.

60 멍하게 있는 자신의 상태를 점검한다

어떤 일에 집중한 뒤 또는 영화나 연극을 몰입해서 보고 난 후에 순간적으로 머리가 멍해질 때가 있다. 또 살다 보면 멍하니 아무 생각도 하고 싶지 않을 때도 있다. 바짝 집중한 후에 머리가 멍해진 상태에서도 뇌는 쉬지 않고 활발하게 활동한다는 사실이 밝혀졌다. 활발히 활동하는 상태라고 해도 무언가를 생각하거나 기억을 떠올리는 중은 아니다.

우리 뇌는 멍하게 있는 동안 뇌 속에 있는 다양한 영역 - 가령 어떤 사건을 기억하거나 감정과 의욕을 조절하거나 - 을 부지런히 연계하는 작업을 수행한다.

멍하게 있으면서도 뇌가 활발하게 활동하는 상태에서는 내면의 목소리가 들리거나 무의식에 잠겨 있던 생각이 스멀스멀 떠오를 때가 있다.

멍하니 생각에 잠길 기회가 있다면 그 시간을 적극적으로 즐기며 내면의 목소리에 집중해 자신의 몸과 마음이 어떤 상태인지 점검해 보자.

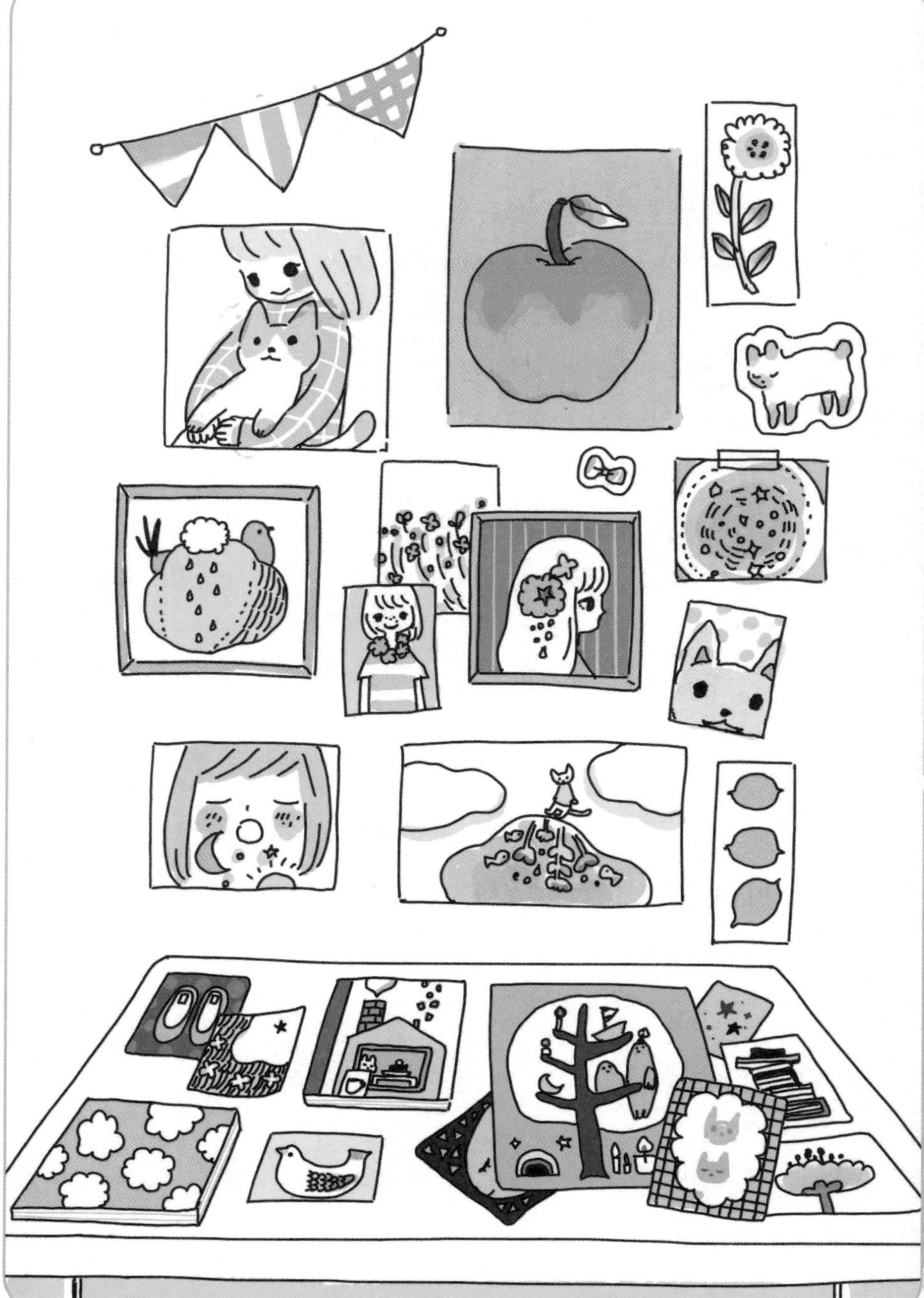

61 매일 사진 한 장을 찍는다

매일 사진 한 장을 찍는 습관에는 두 가지 목적이 있다. 첫째, 매일 정해진 시간에 특정 대상을 사진으로 찍는 습관을 만든다. 둘째, 이 '사진 촬영' 습관을 어떤 일을 시작할 때 누르는 스위치 버튼처럼 활용한다.

예를 들면 출근길에 좋아하는 카페에 들러 커피 한 잔을 산 다음 찰칵, 점심을 먹고 오는 길에 항상 마주치는 회사 앞 터줏대감 길고양이를 찰칵, 퇴근길 하늘을 찰칵! 무엇이든 좋으니 일단 정해진 시간에 정해진 대상을 사진으로 찍는 습관을 만들어 보자. 사진을 찍는 행위가 '오늘도 열심히 살자'라고 의욕 스위치를 켜 주거나, 반대로 '오늘 하루도 열심히 살았구나'라고 휴식 스위치를 켜 주는 역할을 할 수 있다.

사진을 찍는 행위는 하루를 초기화하는 역할을 한다. 오늘따라 되는 일 없이 꼬이는 날, 머피의 법칙에 제대로 당첨된 날에는 사진을 찍어 보자. 하루가 초기화되면서 나쁜 흐름을 끊고 새로운 마음으로 시작할 수 있다. 언제 어디서든 휴대전화로 할 수 있는 '사진 찍기'처럼 작은 습관을 통해 부정적인 기분을 온종일 끌고 가지 않도록 스위치를 켜고 끄듯 기분을 뚝딱 전환할 수 있다.

62 쑥스러워하지 말고 자신을 칭찬해 주자

준비 중인 자격증 시험에 합격하거나 큰 계약을 따내는 대형 경사부터, 길길이 날뛰며 화를 낼 만한 상황에서 인내심을 발휘해 어른스럽게 넘기거나 다들 하기 싫어하는 일을 솔선수범해 처리하는 등의 작은 일까지. 자신이 한 일이 대견하고 기특해서 칭찬해 주고 싶을 때는 참지 말고 실컷 칭찬해 주자. 장바구니에 담아 두고 차마 결제 버튼을 누르지 못했던 옷이나 신발을 사거나, 맛집에 가서 비싸지만 배는 부르지 않은 디저트를 사 먹거나, 며칠 식비를 한 끼에 써야 하는 비싼 고급 레스토랑에 가는 등 자신에게 무언가 특별한 선물을 하자. 셀프 칭찬에 우리 뇌는 '열심히 하면 보상을 준다'고 학습하고, 또 열심히 해서 보상을 받을 생각에 목표를 위해 열심히 내달리게 된다.

무언가를 해야 한다는 부담감에 스트레스를 느낄 수도 있지만, 한편으로 그 일을 해내면 좋은 일이 생긴다는 사실을 알면 빨리 해치우고 달콤한 포상을 즐기고 싶어진다. 목표를 잘게 쪼개고, 작은 목표를 달성할 때마다 조그마한 상을 주는 방법도 효과적이다. 어른이 되면 머리를 쓰다듬으며 칭찬해 주는 사람이 없어진다. 처음에는 조금 쑥스러워도 몇 번 하다 보면 익숙해진다. 내가 나를 칭찬한다고 해서 뭐라 할 사람은 없으니 자꾸자꾸 나를 칭찬해 주자.

루틴 5

자꾸 기분이 가라앉아

63 몸을 따듯하게 한다

저체온은 만병의 근원이라는 말이 있을 만큼 냉증이 건강에 다양한 문제를 일으킨다는 사실은 잘 알려져 있다. 그러나 저체온이 마음에도 영향을 준다는 사실은 의외로 모르는 사람이 많다.

'어차피 나는 안 돼.'

'인내는 쓰고 그 열매는 달다고? 거짓말! 열매도 쓰기만 하더라.'

체온이 낮으면 우울함이나 부정적인 사고방식의 악순환에 빠질 수 있다. 왜 체온이 낮으면 부정적인 생각이 꼬리에 꼬리를 물고 이어질까?

우리 뇌가 저체온을 '불쾌함'으로 처리하기 때문이다. '좋다', '싫다', '즐겁다', '불안하다' 등의 감정은 뇌의 편도체라는 영역에서 처리되는데, 이때 몸이 차가우면 편도체는 불쾌감으로 처리한다. 그 상태가 오래 이어지면 편도체가 폭주하기 시작해 매사를 부정적으로 인지하게 된다. 이러한 악순환의 고리를 끊고 싶다면 몸을 따듯하게 해서 체온을 높여야 한다. 체온이 올라가면 뇌는 쾌적함을 느끼고 부정적인 생각도 서서히 사라진다. 따뜻한 욕조에 몸을 담그거나 운동으로 땀을 흘려 체온을 높이면 몸과 마음이 따뜻한 사람이 될 수 있다! 더불어 긍정적인 사고방식도 차츰 몸에 배게 된다.

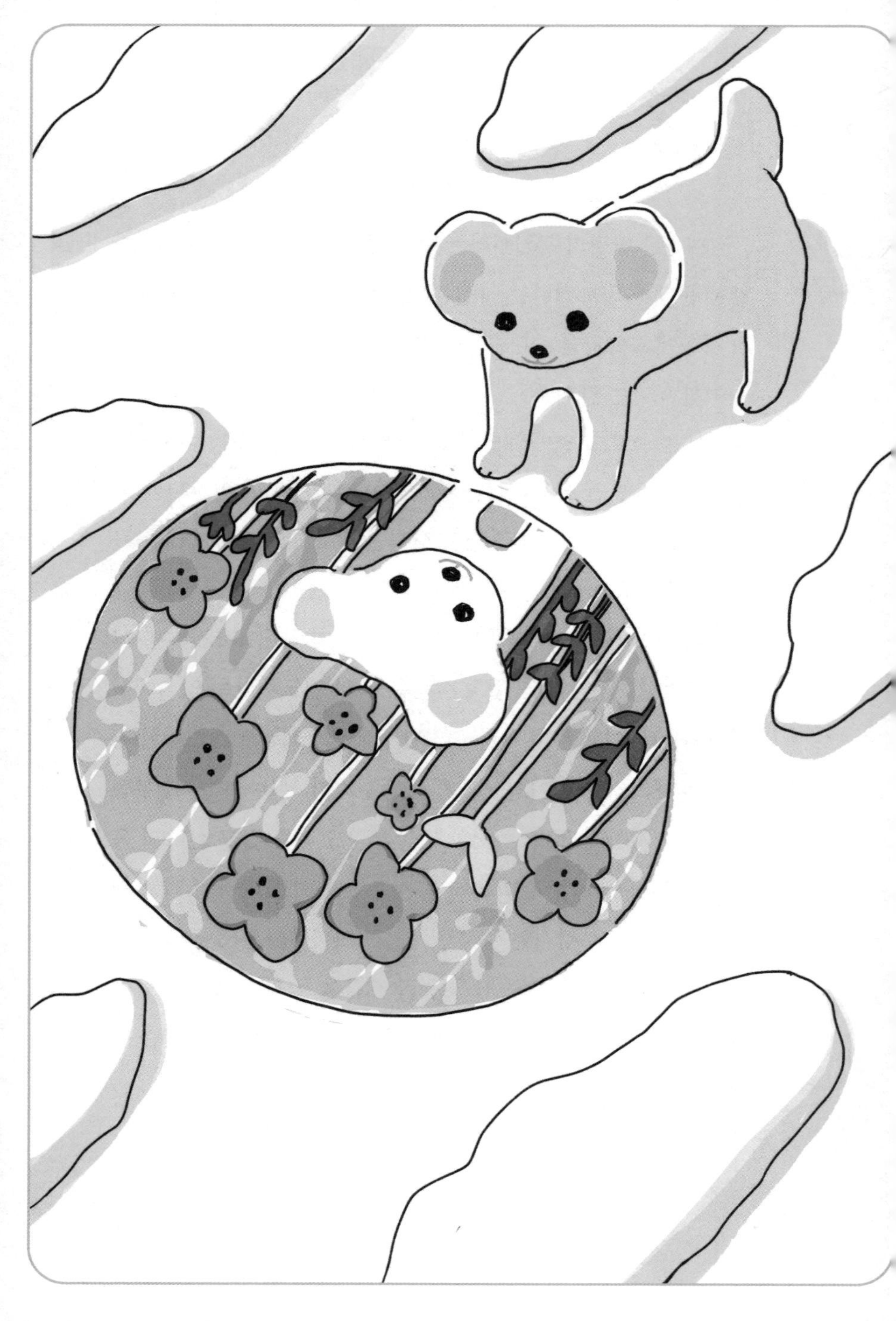

64 입꼬리를 올린다

우리 뇌는 의외로 쉽게 속아 넘어간다. 끝날 줄 모르는 지루한 회의처럼 전혀 즐겁지 않은 상황에서도 입꼬리를 올려 억지로 웃는 표정을 만들면 뇌는 그 상황을 '즐겁다'고 착각해 힐링 호르몬인 세로토닌을 분비하거나 자율신경을 조절한다. 그러면 부교감신경이 우위에 오면서 마음이 편안해진다.

힘들고 괴로울 때 혹은 속상할 때 억지로라도 입꼬리를 올려 웃는 얼굴을 만들어 보자. 보기만 해도 웃음보가 터지는 동영상을 보고 배꼽이 빠지도록 실컷 웃어도 좋다.

처음에는 과장된 연기처럼 어색하게 느껴져도 루틴이 되면 어느새 피로와 우울한 마음이 사라지며 행복한 기분으로 전환된다.

입꼬리를 올려 웃는 얼굴을 만들어서 뇌를 속이는 간단한 방법은 생각보다 삶에 보탬이 되는 치트키가 될 수 있으니 꼭 시험해 보자.

65 스마트폰을 멀리하는 시간을 정한다

스마트폰 하나면 언제 어디서든 누군가와 연결되고 원하는 정보를 뚝딱 찾아낼 수 있는 편리한 세상이다. 그런데 그 편리함이 도리어 뇌를 지치게 만드는 독이 될 수 있다. 스마트폰을 보는 동안 우리 뇌는 계속해서 정보를 받아들이는 상태가 된다. 정보를 받아들이고 처리하느라 쉴 틈이 없다.

잠시도 쉬지 못하고 계속 정보를 처리하다 보면 뇌는 이내 녹초가 된다. 피로해진 뇌는 능률이 떨어지고, 판단력과 집중력이 저하되고, 기분이 가라앉는 우울한 상태를 초래할 우려가 있다.

스마트폰, 데스크톱 컴퓨터, 노트북, 태블릿 PC 등과 잠시 거리를 두는 '디지털 디톡스'를 실천해 보자.

주말에는 SNS나 인터넷 사이트에 접속하지 않고, 걸려오는 전화도 최대한 받지 않고, 스마트폰을 손에 들지 않고 보내는 것이다. 디지털 디톡스로 뇌가 충분히 휴식을 취하고 나면 그만큼 평일에 능률이 향상된다.

66 온전히 나를 위한 시간을 마련한다

성실한 사람일수록 나보다 남을 우선하는 경향이 있다. 자신을 우선순위에 두지 않으면 남에게 이리저리 휘둘리느라 기력이 소진되어 정작 혼자가 되었을 때 땅이 꺼지도록 한숨을 내쉬며 호구처럼 거절하지 못하는 자신을 탓하게 된다. 내가 아닌 누군가를 위해 노력하는 사람은 칭찬받아 마땅하다. 그러나 때로는 자신을 우선하고 기쁘게 하는 시간이 필요하지 않을까?

'매달 두 번째 월요일은 온전히 나를 위한 시간!'

이렇게 특정한 날짜를 정해 놓고 정기적으로 실천하자. 그날에는 무슨 일이 있어도 다른 사람과 약속을 잡지 않는다. 그 시간만큼은 어떤 초대와 부탁도 거절하고 온전히 나를 위해 쓰는 것이다. 무언가 특별한 일을 해야 할 것 같은 부담은 가질 필요 없다. 딱히 하고 싶은 일이 없으면 아무것도 하지 않아도 괜찮다. 고민이 있어도 그 시간에는 잠시 잊고, 내가 즐거워하고 기뻐할 일에 몰입하며 시간을 보내자.

온전히 나에게 집중해 나를 기쁘게 해 주는 시간으로 몸과 마음의 피로를 말끔히 풀고 재충전할 수 있다.

67 한 번쯤 자기혐오에 푹 빠져 본다

만사가 귀찮고 손가락 하나 까딱하기 싫은 날이 있다. 이런 날은 기분까지 우울해져 몸이 땅으로 꺼지는 느낌이 든다. 자신이 싫어져 이 세상에서 사라지고 싶은 순간도 있다. 자기혐오가 최고점을 찍는 순간, 이때가 기회다. 발상을 전환해 위기를 기회로 바꿀 수 있다! 나 자신이 미워졌다면 속이 후련해질 때까지 실컷 미워해 보자.

무언가를 하지 말라는 말을 들으면 청개구리 심리가 작용해 괜히 더 하고 싶어진다. 반대로 맘대로 하라고 하면 시시해져서 굳이 하고 싶다는 생각이 들지 않는다. 이 심리를 응용해 발상을 전환해 보는 것이다.

'아, 나라는 인간, 진짜 짜증 나. 완전 재수 없어! 한심해!'

발상을 전환해 철저하게 자신을 미워하다 보면 미움이 절정에 달했다가 어느 순간 서서히 사그라드는 느낌이 든다. 오르막을 올라 정상에 다다르면 힘들이지 않고 내려갈 내리막길이 기다리고 있는 것과 같은 이치다.

이렇게 자신을 실컷 욕하고 저주하다 보면 어느새 미움이 스르르 사라지고 답답했던 속이 후련해지며 자신이라는 존재를 있는 그대로 받아들이게 되는 순간이 찾아올 것이다.

68 실컷 운다

어릴 때는 아무리 아등바등해도 하지 못하던 일을 어른이 된 지금은 식은 죽 먹기로 해내는 경우가 있다. 반대로 어린 시절에는 자연스럽게 하던 일이 나이를 먹을수록 어설퍼지는 경우도 있다. 좋은 예가 '울음'이다.

아이들은 슬프고 속상할 때 주위 시선을 아랑곳하지 않고 눈물 콧물 뚝뚝 흘리며 서럽게 운다. 울음을 억지로 참지 않는다. 심지어 바닥에 뒹굴며 온몸으로 우는 아이도 있다. 그런데 어른이 되면 눈물을 참는다. 철이 들고 나서 실컷 울어 본 사람이 얼마나 있을까? 울어야 할 때 눈물을 억지로 참는 사람이 많다.

울음은 스트레스를 푸는 효과가 있다. 눈물을 흘리면 자율신경의 일종인 부교감신경이 우위에 오면서 뇌가 편안해지고 긴장이 풀리며 스트레스가 사라진다.

실컷 울고 나면 속이 후련해지면서 답답했던 속이 시원해지는 현상은 부교감신경과 연관이 있다. 울고 싶은 감정을 있는 그대로 받아들이고, 가끔은 나를 내려놓고 소리 지르고 악을 쓰고 눈물을 쏟으며 울어 보자.

69 우울에도 '마감 기한'을 정한다

슬프고 괴로울 때 우울함의 끝까지 내려가면 바닥을 찍던 기분이 서서히 올라온다고 앞서 이야기했다. 하지만 이불을 뒤집어쓰고 평생 우울함에 몸부림치며 살 수는 없는 노릇. 그렇다면 언제까지 우울해야 할까?

"우울함을 실컷 즐기라고요? 우울하지 않은 날이 하루도 없는데 그 정도야 식은 죽 먹기죠. 근데 언제까지 우울하게 살아요?"

타당한 의문이다. 가끔 우울함에 빠지는 건 정신 건강에 이롭지만, 마냥 우울하게 살 수는 없다.

그러니 우울함에 기한을 정하자. 우울함은 명치 위에 묵직한 보따리를 올려놓고 숨이 막혀 허덕이는 상태와 같다. 아무리 무거운 보따리라도 잠깐은 들 수 있다. 팔이 뻐근해져도 손아귀에 힘을 꽉 주고 어떻게든 버틸 수 있다. 하지만 시간이 길어지면 손가락이 떨어질 듯 아프고 팔이 저리기 시작하다가 어느새 보따리를 든 손을 놓아 버리게 된다. 우리 마음도 마찬가지다. 시간이 갈수록 우울함의 보따리가 점점 무겁게 느껴지다가 어느 순간 한계가 찾아온다. 그 상태에서 원래 상태로 추스르려면 긴 시간이 필요하다. 그러니 우울함을 즐길 때는 반드시 기한을 정하자. 그 기한까지는 우울함에 푹 빠져도 좋다. 정해진 시간 동안 실컷 우울함을 만끽하고 나면 조금 더 쉽게 원래 상태로 회복할 수 있다.

70 작은 생명을 바라본다

잠들기 전에 침대에 누워 휴대전화나 태블릿 PC로 귀여운 동물이 나오는 동영상을 즐겨 보는 사람이 많다. 새끼 고양이나 강아지, 주인에게는 가시를 세우지 않는 기특한 고슴도치, 뒹굴뒹굴 구르는 새끼 판다 등 귀여운 동물들의 동영상을 보며 위로를 받는다. 요즘에는 혼자 살면서 반려동물을 기르는 사람이 많다. 심지어 반려식물이라는 말까지 생겨났다. 동물이나 식물처럼 생명이 있는 존재를 돌보는 행위는 삶의 활력소가 되어 기쁨을 주고 스트레스를 줄여 주는 효과가 있다.

동물이 지닌 힐링 효과는 '애니멀 테라피'라는 치료법으로도 응용된다. 힘든 일이 있을 때 동물을 기르는 사람이 기르지 않는 사람보다 마음의 상처를 덜 받는다는 연구 결과도 있다. 마찬가지로 식물을 가꾸는 취미도 마음을 치유하는 데 효과가 있다. 동물을 돌보는 일은 생각보다 많은 끈기와 수고가 필요해 그 과정에서 자아가 성숙하며, 마치 자녀를 키울 때와 비슷한 보람을 맛볼 수 있다.

우울하거나 슬플 때는 앙증맞은 동물이나 생명력 가득한 식물을 접하며 마음을 치유하는 시간을 가져 보자.

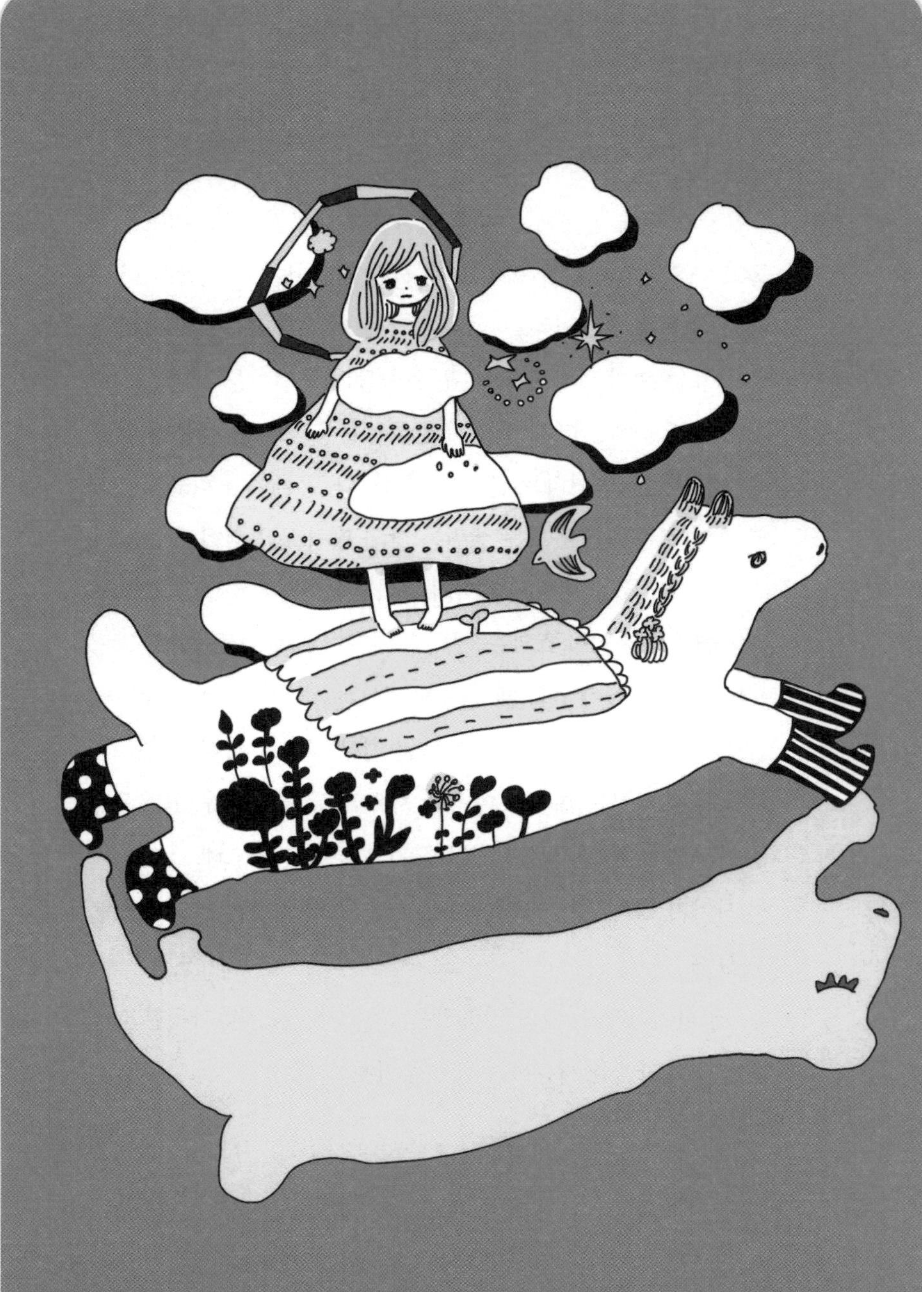

71 우중충한 뉴스와 거리를 둔다

건강에는 이상 없는데 이상하게 기분이 가라앉고 의욕이 없을 때가 있다. 평소와 다르지 않은 일상인데 갑자기 마음이 무거워지는 날도 있다. 어쩌면 매일 접하는 우중충한 뉴스 때문일 수 있다. 우리는 인터넷 창을 열어 습관적으로 뉴스를 읽고 댓글을 확인한다. 굳이 뉴스를 찾아보지 않아도 스마트폰으로 온갖 뉴스가 자동으로 쏟아져 들어온다. 물론 매일 사건 사고를 보도하는 뉴스 중에는 생활에 도움이 되는 유용한 정보도 많다.

하지만 주로 들리는 뉴스는 불경기, 감염병, 자연재해, 연예인의 불륜과 파경 등 죄다 어두운 소식뿐이다. 가슴이 따뜻해지는 훈훈한 뉴스는 가물에 콩 나는 수준이다.

뉴스를 듣다 보면 우리가 사는 세상이 얼마나 잔혹하고 살벌한지 세상살이가 무섭게만 느껴진다. 어두운 소식이 폭격하듯 쏟아지면 우리의 정신은 무의식적으로 스트레스를 느끼고 마음에 차곡차곡 응어리를 만든다. 뉴스 속 안 좋은 일을 당한 사람에게 공감해 스트레스를 받는 사람도 있다. 이상하게 기분이 가라앉는 날에는 잠시 뉴스와 강력한 수준의 거리 두기에 들어가자.

72 팔이나 얼굴을 가만히 쓰다듬는다

배탈이 나서 속이 부글거릴 때 따뜻한 손으로 배를 살살 어루만지면 거짓말처럼 속이 가라앉을 때가 있다.

"엄마 손은 약손~."

어릴 때 배탈이 나면 들었던 마법의 주문을 잠시 떠올려 보자. 왜 '약손'이라고 부를까? 손에는 병이나 상처의 통증을 누그러뜨려 주는 힘이 있기 때문이다. 약손에는 마음을 돌보는 힘도 있다. 기분이 가라앉고 부정적인 생각이 머리 한구석에 똬리를 틀고 사라지지 않을 때는 손으로 팔이나 얼굴을 가만히 쓰다듬어 보자. 차츰 마음이 편안해지고 차분해진다. 의료 기관에서도 치료 효과를 높이는 방법으로 피부 접촉을 활용하고 있다. 가족이나 연인, 반려동물 등 편안한 대상과의 접촉도 좋다.

피부를 접촉하면 손으로 만지는 쪽과 만짐을 받는 쪽 모두에게서 옥시토신이라는 호르몬이 활발하게 분비된다. '행복 호르몬', '힐링 호르몬'이라는 별명이 붙은 옥시토신은 마음을 안정시키고 스트레스를 줄여 주는 등 다양한 효과가 있다.

기분이 저기압 전선을 그리기 시작하면 효험이 검증된 '약손'으로 내 몸을 가만히 쓰다듬으며 옥시토신 분비를 촉진해 보자.

73 좋지 않은 일은 꼬리에 꼬리를 물고 일어난다고 생각하지 않는다

콩나물시루 같은 지옥철을 타고 출근! 가는 날이 장날이라고 하필 전철은 고장나고, 안내 방송조차 없어 짜증이 솟구친다. 아슬아슬하게 출근 시간 직전에 도착해 헐레벌떡 계단을 뛰어올라 건널목을 단숨에 건너려 했더니 아뿔싸, 빨간불이다. 일찍 좀 출근하라는 부장님의 훈시로 업무를 시작한다. 먹고 살자고 하는 일인데 맛있는 밥이나 먹자! 그런데 하필 내 앞에서 일일 한정 메뉴가 품절이라니. 대충 주문한 음식을 꾸역꾸역 밀어 넣고 터덜터덜 사무실로 돌아와 오후 회의 자료를 인쇄하려 했더니 프린터가 말썽이다. 대외적 이미지를 생각해 속으로 몹쓸 말을 중얼거리며 아슬아슬하게 자료를 출력해 회의실로 총알같이 날아갔는데, 엘리베이터 정기 점검……. 하늘도 참 무심하다.

'안 되는 사람은 뒤로 넘어져도 코가 깨진다'는 속담은 혹시 나를 보고 만들었나 싶을 정도로 억세게 운 없는 날이 있다.

자자, 살다 보면 이런 날도 있고 저런 날도 있지만, 유독 불운이 겹치는 일진 사나운 날이 있다. 그러나 긴 인생에서 그런 날은 그리 많지 않다. 1년 365일 중 오늘이 제일 힘든 날일 수 있다. 믿기지 않겠지만, 통계학으로 증명된 과학적 사실이니 오늘 하루만 버텨 보자!

루틴 6

사는 게
불안해

74 손발을 따뜻하게 한다

불안은 '이유 없이 마음이 안정되지 않는 상태'를 말한다. 많은 사람 앞에서 프레젠테이션할 때 식은땀으로 등을 흥건히 적신다거나, 중요한 시험날 아침만 되면 아랫배가 살살 아파지며 화장실을 자꾸 드나드는 것, 말로는 표현할 수 없는 마음의 상태 역시 불안 증상 중 하나다.

불안이라는 감정은 기본적으로 강한 스트레스 상황 등을 맞닥뜨렸을 때 발생하는데, 건강 이상이 불안의 원인이 될 때도 있다. 수족 냉증이 하나의 예인데, 손발이 온종일 차가우면 우리 몸은 스트레스로 인지하고 자율신경에 영향을 준다. 수족 냉증이 심해지면 불안한 기분을 강하게 느끼게 되고 사람에 따라서는 일상생활에 지장을 줄 정도의 '불안장애' 증상으로 발전할 수도 있다. 따라서 수족 냉증에서 비롯되는 불안증에 시달리고 싶지 않다면, 체질적으로 손발이 찬 사람은 몸을 자주 움직이거나 몸을 따뜻하게 해주는 겉옷, 무릎담요, 개인용 난방기구 등의 용품을 활용해 손발을 따뜻하게 유지하자. 심호흡도 불안한 감정을 가라앉히는 데 도움이 된다. 심호흡은 날카롭게 곤두선 예민한 신경을 가라앉히는 효과도 있으니, 감정에 날이 설 땐 호흡으로 몸과 마음을 다스려 보자.

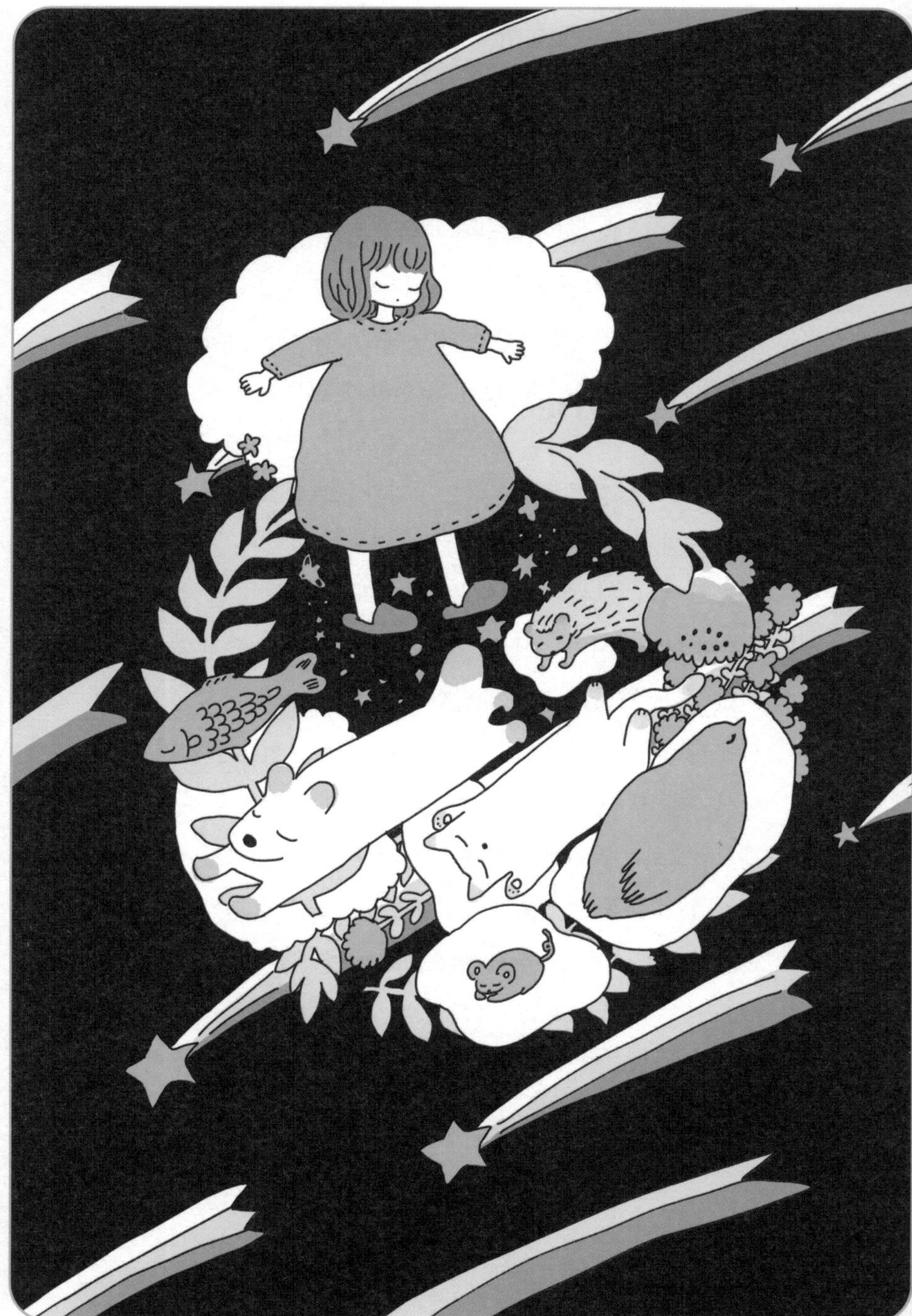

75 죽은 척한다

고민도 불안을 유발하는 원인 중 하나가 될 수 있다. 특히 아무리 머리를 싸매고 생각해도 답이 나오지 않는 고민거리는 해결할 때까지 불안을 유발하곤 한다. 그럴 땐 눈을 질끈 감고 '나는 죽었다!'라고 생각해 보면 어떨까? 숲속에서 무서운 곰을 만났을 때 '죽은 척'으로 위기를 모면하듯 '죽은 척하기 작전'을 시도해 보자.

죽기 아니면 까무러치기라는 말은 들어봤어도, 죽은 척하라니? 무슨 귀신 씻나락 까먹는 소리냐고 발끈하지 말고, 끝까지 읽어 보시라!

죽은 척하기는 불안을 해소하는 데 의외로 도움이 된다. 나는 죽었고, 이 세상에서 사라졌으니 굳이 고민을 해결할 필요가 없다. 무덤까지 고민을 싸 들고 가는 사람은 없으니 말이다. 조금 전까지 그렇게 고민하던 문제를 해결하지 않아도 된다고 생각하면 마음이 조금은 가벼워지지 않을까? 이렇게 '나는 죽어서 사라진 존재'라고 생각하다 보면 내가 무엇 때문에 고민했는지 떠오르지 않을 정도로 고민이 사라지는 순간이 찾아온다. 이 방법은 너무 열심히 살아서 신체적, 정신적으로 에너지가 소진된 번아웃 증후군에도 효과가 있다. 소중한 내 마음을 지키기 위해 '죽은 척하기 작전'을 실행해 보자!

76 꼭꼭 씹어 먹는다

"음식은 천천히, 꼭꼭 씹어서 먹어야 한다."

어렸을 때부터 귀에 딱지가 앉도록 밥상머리에서 들었던 잔소리라 지긋지긋하게 느껴질 수 있겠지만, 삶의 지혜가 담긴, 피가 되고 살이 되는 말이니 흘려듣지 말고 꼭 실천해 보자. 꼭꼭 씹어 먹으면 소화가 잘되는 것은 물론, 급하게 먹지 않아 포만감을 느끼는 만복 중추를 자극해 다이어트에도 도움이 된다. 무엇보다 꼭꼭 씹어 먹으면 스트레스에 강해지는 효과도 덤으로 얻을 수 있다. 꼭꼭 씹어 먹는 게 스트레스랑 무슨 상관이냐고? 우리 입속에는 뇌와 몸에 연결된 중요한 신경이 수없이 뻗어 있는데, 씹는 동작으로 이 신경을 자극하면 뇌의 편도체 활동이 억제된다. 편도체는 불쾌한 감정을 공포와 불안으로 처리하는 작용을 한다. 편도체의 활동을 억제하면 공포와 불안 등 스트레스를 유발하는 원인이 되는 감정을 줄일 수 있다.

또 꼭꼭 씹으면 침 분비가 증가해 스트레스 완화에 도움이 된다. 침 분비가 증가하면 침 속에 들어 있는 코르티솔이라는 스트레스 호르몬의 비율이 줄어들어 스트레스 지수가 내려간다. 껌을 씹거나 식사할 때 씹는 횟수를 의식적으로 늘리기만 해도 불안을 조금씩 줄일 수 있다.

77 마음에 들지 않는 일을 종이에 써서 박박 찢어 버린다

정신과나 신경과에서는 불안 경향이 강한 환자에게 '불안한 감정이 느껴지면 그 감정을 종이에 적어서 찢어 보세요'라고 조언한다. 불안을 종이에 적어 찢는 행위를 반복함으로써 자연스럽게 불안을 줄이는 인지 요법이다. 글로 쓰는 과정에서 생각을 정리하는 효과가 있고, 손으로 쓴 종이를 박박 찢으며 스트레스를 발산하는 효과도 있기 때문이다. 이 방법은 우리가 일상에서 느끼는 불안과 스트레스를 푸는 데 도움이 된다. 지금 고민이나 불안, 부정적인 감정을 느낀다면 목록을 만들어 종이에 차근차근 적어 보자.

'회사 동료가 한 말에 속이 상했다.'

'SNS에 달린 댓글을 보고 상처받았다.'

무슨 일이든 상관없다. 다 적고 나서 그 종이를 찢어서 버리고 나면 속이 후련해진다. 이 종이는 스트레스에 보내는 퇴고 통보서라고 생각하자.

고민을 계속 떠안고 있으면 멋대로 이자가 붙어 점점 더 몸과 마음을 짓누른다. 그런데 종이에 글로 적으면 그렇게 고민하던 일이 신기하게 별일 아닌 사소한 일처럼 느껴진다. 한 달에 한 번이라도 좋으니 정해진 날 정기적으로 종이에 적어서 찢는 루틴을 반복하면, 내 머릿속을 멋대로 차지한 불법 세입자, 스트레스를 쫓아낼 수 있다!

78 내일 입을 옷을 정해 둔다

애플의 창업자인 스티브 잡스는 매일 같은 옷을 입는 사람으로 유명했다. 검정 터틀넥에 청바지, 회색 운동화로 항상 같은 차림을 고수했다. 페이스북 창업자인 마크 저커버그도 늘 같은 회색 양복을 입는다. '옷을 고르는 시간도 아깝다'는 발상에서 비롯된 습관이란다.

밥 한술 뜰 시간도 없는데 그날 입고 나갈 옷을 고를 시간이 있을 리 만무하다. 철철이 새 옷을 장만해 옷장이 미어터지는데 왜 입을 옷이 없을까? 유행이 지났거나, 날씨에 맞지 않거나, 살이 쪄서 꽉 끼거나, 그냥 마음에 들지 않거나, 이유는 백만 가지가 넘는다. 겨우 무난한 곳으로 골라 입고 헐레벌떡 현관문을 나선다. 그러다 출근길 지하철역 거울에 비친 내 모습을 보면 패션 테러리스트가 따로 없다. 매일 아침 반복되는 패션과의 전쟁에서 오늘도 패배를 한 건 추가했다.

아침마다 고민하지 말고 미리 입을 옷을 정해 두면 불안 요소를 줄여 부정적인 감정으로 하루를 시작하지 않아도 된다. 스티브 잡스처럼 단벌 신사로 살지 않더라도, 내일 입을 옷을 미리 정해 두고 아침에 골라둔 옷을 입기만 하면 그만이다. '입고 나갈 옷 때문에 고민하지 않는 생활'을 새로운 루틴으로 만들어 보자.

79 불안을 객관적으로 바라보고 받아들인다

'나를 가장 잘 아는 사람은 나 자신'이라는 생각은 의외로 착각일 수 있다. 사람은 자신의 상태에 생각보다 둔감하다. 무리해서 쓰러지기 직전이 아니면 자신의 몸과 마음이 얼마나 힘든 상태인지 알아차리지 못하는 사람도 많다. 따라서 자신의 상태를 올바르게 파악하기 위해서라도 자신을 객관적으로 바라보는 습관이 중요하다.

바로 내 안에 있는 '또 하나의 내'가 등장할 차례다.

'왜 이렇게 짜증이 날까?'

이유 없이 짜증이 치밀 때는 소리 내어 혼잣말하듯 내 안의 나에게 말을 걸어 보자. 실제로 소리를 내어 질문하면 의외로 자신을 냉정하게 바라볼 수 있게 된다.

'짜증이 난 이유라……. 아, 달력을 보니 곧 그날이구나. 호르몬이 미쳐 날뛰는 시기였어.'

이렇게 질문을 반복하며 자신을 객관적으로 바라볼 수 있게 되면 불안도 조금씩 줄여나갈 수 있다.

Ren

80 일부러 관계없는 일을 한다

중요한 프레젠테이션이나 회의에서 발표를 담당하는 일처럼 많은 사람 앞에서 말해야 할 일이 생기면 배짱이 두둑한 무대 체질이 아니라면 아무래도 불안하고 긴장하게 된다.

'긴장하지 말자! 긴장하지 말자! 괜찮아……'

속으로 아무리 되뇌어도 머릿속의 불안은 점점 더 커져만 갔던 경험, 누구에게나 있지 않을까?

불안하고 긴장될 때는 '일부러 관계없는 일을 하는 방법'으로 불안과 긴장을 해결할 수 있다.

예를 들면 프레젠테이션 장소나 회의실에 걸린 시계를 보고 디자인과 브랜드를 예상해 보거나, 준비해 둔 음료와 간식 포장에 적힌 원재료명 등의 표시를 읽거나, 회의 참가자들이 쓰는 노트북 브랜드와 색상, 디자인을 점검하는 식이다.

이렇게 해야 할 일이 아닌 다른 일에 집중하는 동안 불안과 긴장이 자연스럽게 의식에서 사라질 수 있다.

'나는 하나도 안 불안하다!'

'긴장하지 말자! 머리를 텅 비우자!'

열심히 생각할수록 도리어 머릿속이 복잡해지는 심리가 있는데, 일부러 딴청을 피우면 긴장과 불안을 손쉽게 완화할 수 있으니, 무대 공포증을 해결해 주는 특효약이라고 생각하고 기회가 있을 때 시험해 보자.

81 걱정거리는 '걱정 상자'에 담아 둔다

일상에 쫓기며 정신없이 살다 문득 정신을 차리는 순간 걱정과 불안이 머릿속을 지배하고 떠나지 않을 때가 있다. 근심이 많으면 마음이 무겁고 우울해진다. 툭툭 털어버리고 해야 할 일에 집중하고 싶은데……. 몸과 마음이 따라주지 않는다.

머릿속을 불법 점거한 걱정과 불안이 주인의 퇴거 통보에도 떠나지 않을 때 쓸 수 있는 비책이 있다. 마음속에 '걱정 상자'를 만들어 두고, 걱정거리를 모아서 그 속에 모조리 던져 넣자. 눈에 보이지 않는 상자를 상상하기 어렵다면 종이에 걱정거리를 적어 열쇠로 잠글 수 있는 상자 속에 넣거나, 암호 기능이 있는 스마트폰 애플리케이션을 사용해 걱정거리를 적고 잠가두는 방법도 좋다. 잠시나마 보류 상자에 넣어 두고 잊을 수 있다면 어떤 방법이든 상관없다.

물론 걱정을 잠시 미뤄둔다고 해서 걱정거리가 저절로 사라지지는 않는다. 그러나 잠시라도 근심에서 해방되면 걱정과 불안에 짓눌리지 않은 본래의 자아가 빼꼼 고개를 내밀고 숨 쉴 여유를 만들 수 있다. 머릿속에 똬리를 튼 걱정거리는 일단 걱정 상자에 넣고 잠시 내버려 두자.

82 나는 외톨이가 아니라고 의식한다

불안이나 걱정거리를 안고 있을수록 속을 터놓을 수 있는 편한 동료나 단짝 친구 등 버팀목이 되어 줄 수 있는 사람과 함께해야 한다. 그리고 그 사람에게 지금 내가 떠안고 있는 불안과 걱정거리가 무엇인지 털어놓자. 고민은 누군가와 이야기로 풀어야 하는데, 이러한 대화는 혼란스러운 머릿속을 정리하는 데 도움이 된다. 말로 풀어내는 과정에서 머릿속을 정리할 수 있고, 해결책이 될 만한 실마리가 떠오를 때도 있다. 또 고민을 이야기하면 이야기를 들어준 사람이 함께 짐을 나누어 주는 듯한 든든한 기분에 마음의 평안을 찾는 효과도 있다.

이야기를 나눌 사람이 아무도 없다면 익명으로 '임금님 귀는 당나귀 귀'라는 심정으로 인터넷이라는 대나무숲에 외쳐 보자. 내 마음에 공감해 주는 누군가를 저 넓은 인터넷의 바다에서 한 사람쯤은 찾아낼 수 있을 것이다. 다만 인터넷을 고민 상담소로 활용할 때는 고민을 들어주는 사람과 적당한 거리를 유지하고 신중하게 관계를 설정해야 한다.

어떠한 상황에서도 '나는 외톨이'라며 자신을 몰아넣지 않도록 주의하자. 이 세상에 혼자인 사람은 절대 없다는 사실을 꼭 기억해 두자.

HAPPY
Diary

83 내가 가진 것을 확인한다

사람은 나와 다른 사람을 비교할 때 '내가 가지지 못한 것'에 시선을 집중하는 경향이 있다. 명품 핸드백이나 신발, 한정 판매 화장품, 줄을 서지 않으면 살 수 없는 디저트, 내가 가지지 못한 무언가를 가진 사람을 부러워하거나 질투하고, 동시에 가지지 못한 자신을 한심하게 생각하며 자책한다. 그런 감정이 더 심해지면 이대로 계속 살다 인생이 끝날지 모른다는 불안감에 휩싸일 때가 있다. 그런데 옷장에 명품 핸드백 하나 없다고, 연예인들이 쓴다는 비싼 화장품이 없다고, 문 열기 전부터 줄을 서야 살 수 있다는 디저트를 먹어보지 못했다고 해서 정말 불행할까?

물론 누군가에게는 불행해 보일 수도 있다. 하지만 우린 대신 다른 것들을 이미 많이 가지고 있다. 내가 가진 것쯤이야 다른 사람들도 죄다 가지고 있다는 생각은 옳지 않다. 가족과 일, 여태까지 받은 교육……. 나에게는 당연해도 누군가는 한 번도 가져보지 못한 것일 수도 있다. 불안을 느낄 때면 내가 '가지지 못한 것'이 아니라 '가지고 있는 것'을 생각하는 관점의 전환이 중요하다.

84 발을 탕탕 굴러 본다

뉴질랜드 마오리족은 '하카'라는 전통 의식으로 유명하다. 이 하카에는 우렁찬 구호에 맞추어 발을 힘차게 구르는 동작이 꼭 포함되어 있다. 마오리족은 하카 동작으로 공기가 진동하며 생명의 진동이 퍼져 나갔다는 전설을 믿고, 생명을 찬양하는 하카를 추게 되었다고 한다. 지금도 뉴질랜드 럭비 선수들은 경기를 시작하기 전에 박력 넘치는 하카를 추며 상대 팀의 기선을 제압하는 멋진 장면을 관객들에게 선보여 경기장 분위기를 후끈하게 달군 상태로 경기를 시작한다.

속상하거나 불안해서 마음이 힘들 때 우리 몸의 기운은 위로 향하는 경향이 있다. 화가 나면 머리로 피가 몰리며 얼굴이 시뻘겋게 달아오르기도 하고, 실제로 혈압이 오르는 사람도 있다. 또 호흡이 거칠고 얕아지며, 근육이 뻣뻣하게 굳으면서 목과 어깨가 쑤시고 결린다. 스트레스를 받으면 어깨 위에 누가 올라타고 있는 느낌이라고 말하는 사람도 있다.

불안으로 이런 증상이 발생할 땐 심호흡과 함께 열 번의 하카를 하는 마오리족 전사처럼 발을 탕탕 굴러 보자. 발을 탕탕 구르는 동작은 위로 향하는 기운을 아래로 내려 주어, 스트레스로 달아오른 마음의 열기를 가라앉혀 주는 효과가 있다. 하카 동작이 쑥스럽다면 하체 운동의 꽃이라는 스쾃 동작을 해도 효과가 있다.

몸을 움직임으로써 생각보다 간단히 불안을 해소할 수 있다.

아무도 없는 곳에서 마오리족 전사처럼 발을 탕탕 구르거나, 스쿼트 동작을 반복해 불안을 시원하게 날려 보자.

85 스트레스는 하나보다 여럿이 낫다

"스트레스는 적을수록 좋은 거 아니었나요? 스트레스 하나보다 여럿이 낫다니, 무슨 소리예요?"

'스트레스 다다익선론'을 소개하면 대부분 비슷한 반응을 보인다. 그런데 원리를 알고 나면 의외로 논리적인 방법이라고 고개를 끄덕이게 된다.

이 이론의 핵심은 스트레스의 무게가 아니라 가짓수에 있다. 감당하기 힘들 정도로 무거운 스트레스는 몸과 마음에 독이 될 수 있다. 그러나 스트레스가 딱 하나뿐인 상황도 마찬가지로 바람직하지 않다. 스트레스가 딱 한 가지뿐이라면 아무래도 과도하게 집착하게 되기 때문이다. 아르바이트할 곳이 딱 하나뿐인 상황을 상상해 보자. 하나뿐인 아르바이트 자리가 없어지면, 당장 주머니가 쪼들리고 생활이 팍팍해지면서 삶이 고달파진다. 그런데 아르바이트 자리가 여러 개라면 한 자리가 없어져도 다른 아르바이트로 어떻게든 버텨나갈 수 있어, 마음이 조금은 편안해진다.

스트레스도 이와 마찬가지다. 유일한 스트레스 대상에 집착해 끙끙 앓느니 여러 개로 분산해 스트레스 내성이라도 기르는 게 낫다. 맷집을 키우면 스트레스도 버틸 만해진다. 한 가지 스트레스에 시달릴 바에야 가짓수를 늘려 스트레스 내성을 기르는 쪽을 선택해 보는 건 어떨까?

Diary

루틴 7

짜증나고 초조해

86 수시로 바깥 경치를 본다

해도 해도 끝이 없는 일, 하필 이런 날 모니터에 블루스크린이 떡하니 뜨면 가슴이 철렁한다. 몇 번씩 컴퓨터 전원을 껐다가 켜느라 시간을 잡아먹는다. 뜻하지 않은 문제에 시간을 빼앗기면 짜증을 넘어서 속에서 천불이 난다. 일반적으로 짜증의 원인은 크게 두 가지로 나눌 수 있다.

첫 번째는 매사가 생각대로 풀리지 않고 자꾸 꼬이는 상황에서 오는 정신적 짜증. 두 번째는 주로 여성을 괴롭히는, 자신의 의지와 무관하게 지진처럼 찾아오는 호르몬 균형의 변화로 발생하는 짜증이다. 또 이 두 가지가 동시에 오는 이중고를 겪는 아찔한 날도 있다.

짜증을 해소하는 몇 가지 방법이 있다. 만약 실내에 있을 때 짜증이 스멀스멀 솟구칠 기미를 보인다면, 수시로 바깥 경치를 바라보며 눈과 마음을 쉬게 해주자. 하늘을 봐도 좋다.

바쁠수록 돌아가라는 말처럼, 눈코 뜰 새 없이 바쁘고 짜증이 나는 날일수록 느긋하게 풍경과 하늘을 바라보는 시간을 만들자. 슬기로운 기분 전환으로 널뛰는 감정을 다스려 업무 효율을 높일 수 있다.

87 하루 3분씩 복식 호흡을 한다

복식 호흡은 숨을 들이마실 때 배를 부풀리고, 내뱉을 때 배를 납작하게 만드는 호흡법이다. 먼저 코로 천천히 숨을 들이마시며, 들이마신 숨을 몸에 저장한다고 상상하며 배를 동그랗게 부풀린다. 그리고 배에 담아 두었던 숨을 입으로 서서히 내뱉자. 들이마실 때 두 배 정도의 시간을 들여 천천히, 아주 천천히, 몸속의 나쁜 기운을 모조리 토해낸다는 기분으로 숨을 뱉어 내자.

복식 호흡은 자율신경의 균형을 조정하고, 짜증과 스트레스, 불안을 가라앉히는 작용을 한다. 자율신경이 교란되면 여러 감각이 과도하게 민감해져 평소에는 신경 쓰이지 않던 자극에 일일이 반응해 짜증과 스트레스를 느끼게 된다.

짜증스러운 기분이 느껴지는 순간, 3분 정도의 복식 호흡으로 자율신경의 균형을 바로잡아 보자. 호흡하는 동안에는 최대한 머릿속의 잡념을 비우는 게 관건이다. 짜증과 스트레스의 원인이 되는 일을 생각하지 않고 호흡에 집중하자.

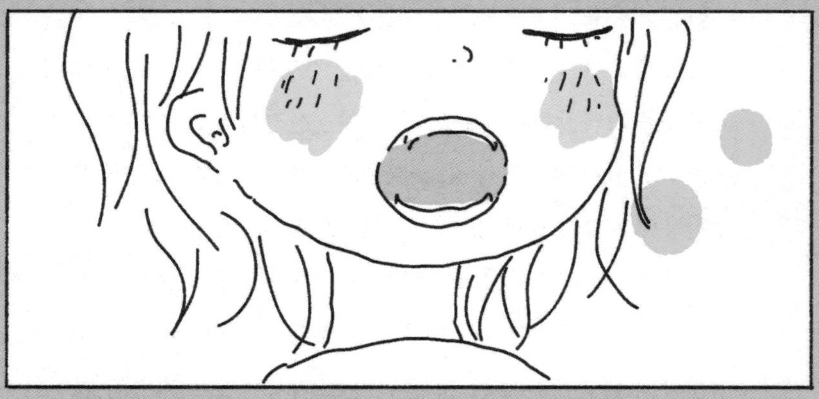

88 노래를 부른다

짜증이나 스트레스가 몸속에서 꿈틀대는 기미를 보이면 목청껏 노래를 부르는 방법으로 우울한 기분을 날려 버릴 수 있다. 큰 소리를 질러 마음속의 울분을 내뱉는다고 상상하면 속이 후련해질 수 있다.

음치라서 노래가 부담스럽다면 '아자!', '영차영차!', '화이팅!' 등의 구호를 큰소리로 외쳐도 스트레스를 해소하는 효과가 있다. 다만 구호보다는 노래를 부르는 게 더 큰 효과를 기대할 수 있다. 노래는 심리적으로는 시원하게 소리를 질러 응어리가 풀리는 쾌감을 느낄 수 있게 해주고, 신체적으로는 침 분비를 촉진하는 역할을 한다. 침이 증가하면 침 속에 들어 있는 코르티솔(스트레스를 느끼면 분비되는 호르몬)의 비율이 줄어든다.

코르티솔이 감소하면 스트레스가 줄어들고 긴장이 이완되며 마음이 편안해진다. 짜증과 스트레스 지수가 높아질 기미를 보이면 노래방에 가서 열창을 하며 부정적인 기운을 토해 내자.

89 몸에 불끈 힘을 줬다가 스르르 뺀다

초조하거나 짜증이 나면 심리적으로 불안할 뿐 아니라 신경이 곤두서며 몸도 긴장으로 뻣뻣하게 굳어진다. 반대로 마음이 편안하면 몸도 편안한 이완 상태를 유지할 수 있다. 이렇게 우리 몸과 마음은 연동되어 있다. 다시 말해 몸이 긴장되었을 때 몸의 긴장을 풀면 마음의 긴장도 풀 수 있다는 뜻이다.

짜증이 치밀어 오르며 신경이 예민해지는 느낌이 들면 온몸에 불끈 힘을 주자. 그리고 단숨에 스르르 온몸의 힘을 빼자. 단순해 보이는 이 방법으로 마음의 긴장이 풀어지며 짜증이 스르르 사라질 수 있다.

'양손 주먹을 꼭 쥐었다가 쫙 편다.'

'두 눈을 질끈 감았다가 활짝 뜬다.'

비슷한 방법으로도 같은 효과를 기대할 수 있다. 이 방법을 익혀 새로운 루틴으로 만들어 두면 현대인의 고질병인 어깨 결림과 두통도 예방할 수 있다.

90 호흡에 의식을 집중한다

짜증이나 스트레스는 최대한 피하고 싶지만, 현실적으로 불가능한 이야기다. 완전히 피할 수 없다면 짜증이나 스트레스를 느꼈을 때 적절하게 대처하는 방법을 알아두면 인생을 조금 더 수월하게 살 수 있다. 앞에서 복식 호흡으로 몸과 마음을 다스리는 방법을 소개했는데, 호흡에는 자율신경의 균형을 바로잡고, 짜증과 스트레스, 불안 등을 진정시키는 효과가 있다.

마음이 복잡해지면 호흡에 의식을 집중해 보자. 이 방법은 영어로 '마인드풀니스(Mindfulness)'라고 부르는 명상 기법으로, 공황장애나 우울증 등을 치료하는 실제 의료 현장에서 활용되고 있다.

호흡에 의식을 집중하는 방법은 장소와 시간에 구애받지 않고 언제 어디서든 손쉽게 실천할 수 있다는 장점이 있다.

극심한 스트레스로 감정이 널뛰기 시작하면 눈을 감고 천천히 호흡해 보자. 호흡에 집중하면 사고를 자극에서 차단해 혼란스러웠던 감정이 서서히 차분해지고 편안한 상태를 만들 수 있다.

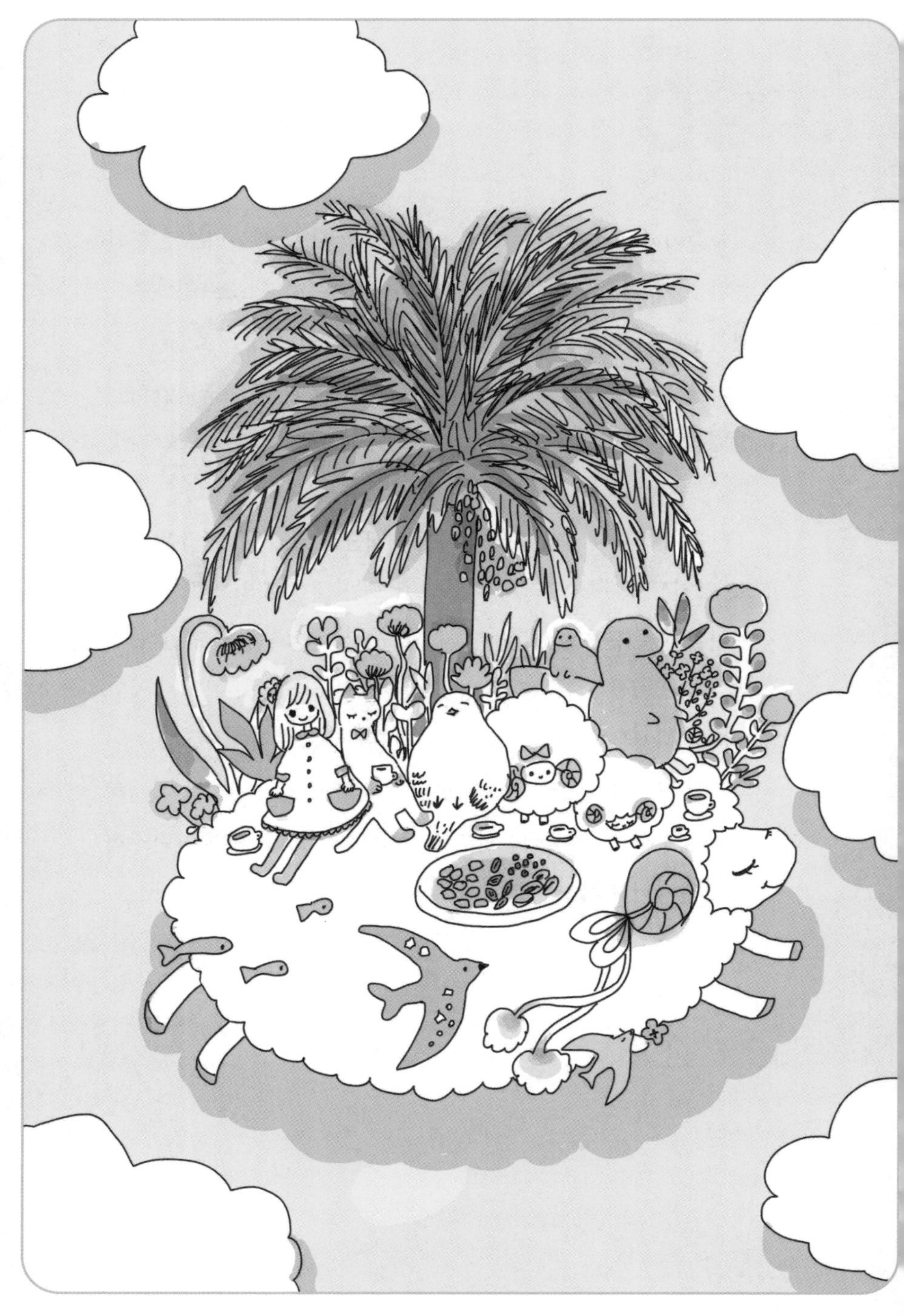

91 대추야자를 챙겨 먹는다

짜증이 자주 나는 사람은 철분이 부족한 상태일 수 있는데, 철분 부족에는 '대추야자'가 좋다. 대추야자는 중동에서 즐겨 먹는 간식으로, 주로 말린 제품 형태로 수입된다.

이집트의 클레오파트라 여왕이 즐겨 먹은 간식으로 알려진 대추야자는 철분이 풍부하게 함유된 식품이다.

여성은 특히 생리 등의 영향으로 철분이 부족해지기 쉬운데, 철분이 부족하면 몸속으로 공급되는 산소가 줄어들어 쉽게 피로해지고 이유 없이 짜증이 나는 등 감정이 불안정해지는 증상이 나타날 수 있다.

철분 외에도 대추야자에는 칼슘, 비타민 B, 아연 등 불안과 짜증을 진정시켜주는 효능이 있는 영양소가 들어 있어 스트레스를 완화하는 효과도 기대할 수 있다.

철분 부족과 스트레스로 고민이라면 대추야자를 가방에 넣어 다니며 간식으로 챙겨 먹어 보자. 몸과 마음에 활기를 더할 것이다. 다만 대추야자는 열량이 높아 너무 많이 먹으면 살이 찔 수 있으니 주의하자!

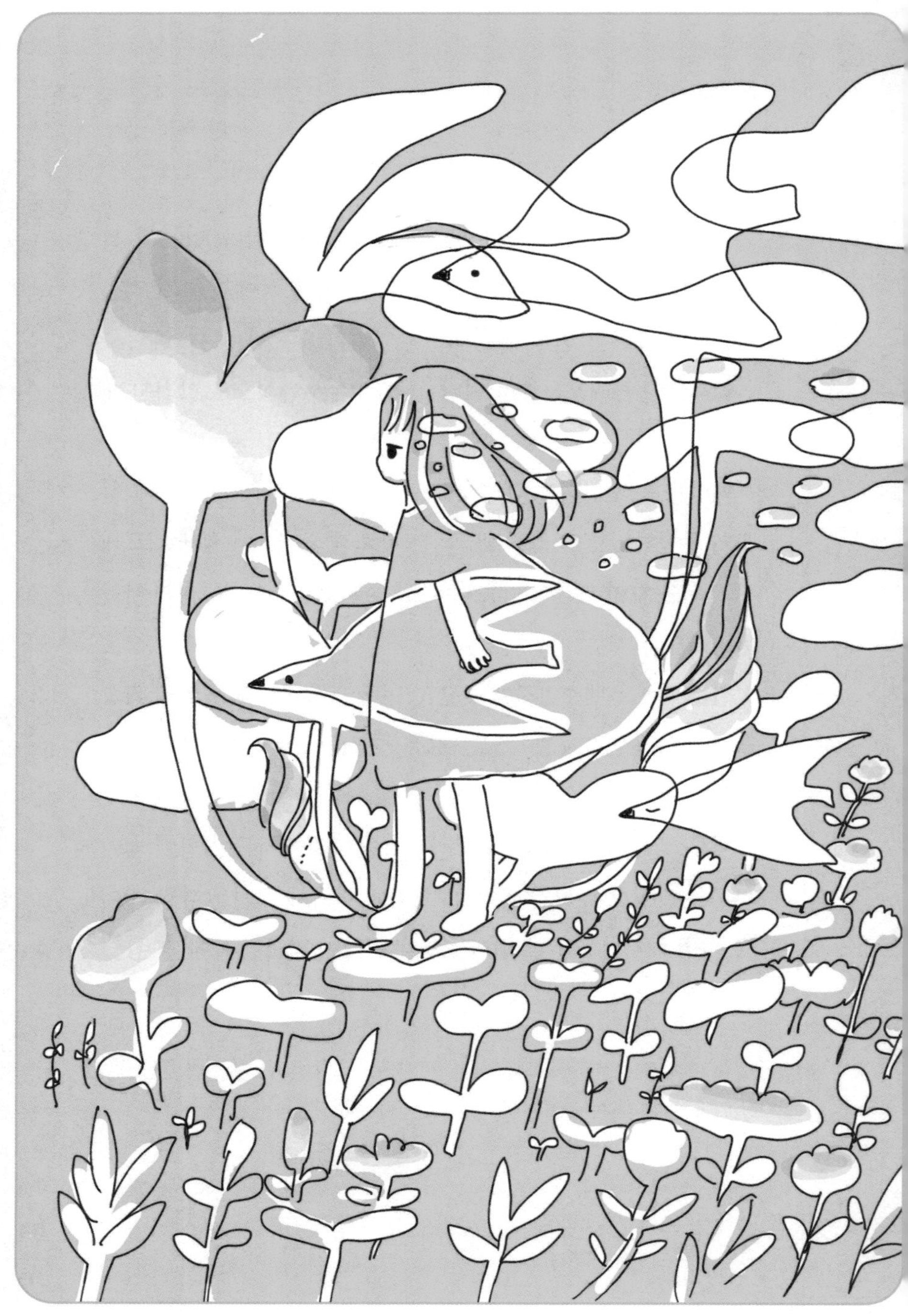

92 자세를 바로잡는다

의외로 우리의 마음 건강에 영향을 미치는 요소가 있는데, 바로 '자세'다. 자세와 스트레스 및 통증 내성에 관한 미국의 연구 결과가 있다. 이 연구에 따르면 고개를 들고 가슴을 쫙 편 자세와 구부정하게 등을 굽힌 자세를 비교했을 경우, 바른 자세일 때 스트레스와 통증에 효과적으로 대처하는 경향을 보였다고 한다.

자세가 불량하면 몸을 앞으로 숙여 폐가 압박되어 호흡이 얕아지고 온몸에 산소와 영양분이 골고루 공급되지 않는다.

또한, 목과 어깨 근육, 관절에 불필요한 부담이 가해져 자율신경의 균형이 무너지며 스트레스에 기민하게 대처하지 못하게 된다.

또 나쁜 자세는 편두통의 원인이 될 수 있다. 바른 자세를 유지하면 등과 허리, 엉덩이 등의 근육을 사용하는데, 이 근육들을 사용하면 행복 호르몬인 세로토닌이 대량으로 분비되어 스트레스를 잘 느끼지 않는 상태를 만들어 준다.

힘들면 아무래도 어깨가 처지고 몸이 움츠러들기 쉽지만, 힘들수록 고개를 들고 가슴을 쫙 펴고 당당하고 곧은 자세로 스트레스를 물리치자.

93 한숨을 깊은 호흡으로

옛날 어르신들은 '한숨을 쉬면 복이 달아난다'거나, '그렇게 한숨을 쉬다가 땅이 꺼지겠다'며 한숨을 쉴 때마다 혀를 차거나 잔소리를 늘어놓으셨다. 어른들 앞에서 한숨을 쉬다가 등으로 날아와 꽂히는 따끔한 손맛에 정신이 번쩍 들 때도 있다.

아무래도 한숨에는 부정적인 이미지가 있다. 그런데 알고 보면 한숨에는 우리 몸과 마음의 긴장과 피로를 풀어 주는 효과가 있다. 한숨을 쉬면 이완된 상태에서 우위에 오는 부교감신경이 자극되어 긴장이 완화된다. 천천히 숨을 깊게 들이마셨다 내뱉으면 짜증과 스트레스를 효과적으로 몸 밖으로 몰아낼 수 있다.

다만 숨을 너무 몰아쉬면 과호흡 증상을 일으킬 수 있으므로 주의하자. 과호흡 이외에는 한숨에 특별한 부작용은 없다.

한숨은 짜증을 가라앉히려는 우리 몸의 지혜다. 한숨 좀 크게 쉰다고 복이 달아나거나 땅이 꺼지진 않는다. '휴'라고 소리가 들릴 정도로 크게 한숨을 몇 차례 반복하며 몸과 마음을 재정비해 보자.

94 비교하지 않고 평가하지 않는다

우리는 무의식적으로 나와 남을 비교한다.

'재주는 곰이 부리고 돈은 주인이 번다더니. 일은 남한테 홀라당 떠넘기고, 연봉 협상은 기막히게 잘해서 나보다 많이 받아가네.'

'별것도 아닌 글에 '좋아요'는 왜 이렇게 많고, 조회 수는 또 왜 이리 높아?'

'부장님도 별수 없네. 사람 보는 눈이 그렇게 없어서야. 아부 좀 했다고 인사 고과 점수를 나보다 높게 주셨어?'

하루에도 몇 번씩 나와 남을 비교하고 불평한다. 하지만 비교는 화병을 부를 수 있다. 급여 명세서를 훔쳐보고 남의 연봉과 내 연봉과 비교해봤자 내 연봉은 오르지 않는다. 남의 SNS를 염탐하고 투덜대봤자 내 SNS에 친구 신청하고 '좋아요'를 눌러주는 사람은 늘어나지 않는다. 내 속만 상하고 짜증만 치솟는다.

명심하자. '그 사람은 그 사람, 나는 나!'

다른 사람과 나를 비교하지 말고 내 인생에나 집중하자.

또 다른 사람을 평가하는 말도 최대한 입에 올리지 않아야 한다. 좋은 말이라면 상관없어도 나쁜 말을 입에 담았다가 발 없는 말이 천 리를 가서 크게 뒤탈이 날 수 있다. 입이 문제라고 나중에 후회하지 말고 아예 다른 사람을 평가하는 말을 입에 담지 않으면 스트레스를 줄일 수 있다. 내가 내뱉은 말이 고스란히 나에게 돌아올 수 있다는 사실, 잊지 말자!

95 수분이 부족해지지 않도록 틈틈이 물을 섭취한다

"건강을 위해서 하루 2L 정도의 수분을 섭취해야 합니다."

건강 정보를 알려주는 텔레비전 프로그램이나 잡지, 인터넷 동영상 등에서 귀가 따갑도록 수분 섭취의 중요성을 듣다 보니, 머리로는 잘 안다. 적절한 수분 섭취는 건강을 유지해 주는 아주 중요한 루틴이다. 이미 앞에서 설명해 수분 섭취의 중요성은 충분히 이해하고 있으리라 믿는다. 우리 몸의 60%는 수분으로 이루어져 있기에 수분 섭취는 매우 중요하다. 혈액과 체액 등의 수분은 신체 기능 유지에 중요한 역할을 한다. 또한, 최근에는 수분 부족이 몸뿐 아니라 마음 건강에도 영향을 준다는 사실이 연구를 통해 밝혀졌다. 미국에서 이루어진 연구에 따르면 젊은 남성의 불안과 피로, 젊은 여성의 짜증과 감정 이상, 의욕 상실 등의 원인이 탈수증으로 밝혀지며 수분 부족과 마음 건강의 상관관계가 입증되었다.

짜증이 나거나 기분이 울적해지면 물 한 잔을 마셔 몸과 마음을 촉촉하게 적셔 주자. 또 위급한 상황일수록 초조해하지 말고 물부터 한 잔 마시고 심호흡을 반복하면 마음이 가라앉으며 해결책이 떠오를 수 있다.

96 잠자리에 들기 전에 나를 칭찬한다

"오늘 끝나고 어디 좋은 데 가? 옷이 날개라더니, 사람이 확 달라 보이네, 그 옷 진짜 잘 어울린다."

이런 작은 칭찬에도 우리는 쉽게 기분이 좋아진다. 칭찬은 고래도 춤추게 한다고 아주 작은 칭찬으로도 그날 하루를 행복한 기분으로 보낼 수 있다. 그러나 칭찬을 매일 받는 사람이 얼마나 될까? 그렇다면 발상을 전환해 칭찬받을 기회를 만들면 그만이다. 쉿! 특별한 비결이 한 가지 더 있다. 칭찬에도 특히 효과적인 시간이 있는데, 바로 자기 전이다. 밤에 잠자리에 들기 전에 자신을 칭찬하는 시간을 마련해 보자.

"오늘 하루도 열심히 산 나, 칭찬해!"

"참 잘했어요!"

"세수하기도 귀찮은 날이라도 화장은 꼭 지우고 잤더니, 피부가 건강해졌어! 이제 머릿결에도 신경 쓰자!"

듣기만 해도 흐뭇해지는 말, 나를 행복하게 해주는 말로 하루를 마무리하자. 밤에 잠자리에 들기 전에 거울을 보며 칭찬 세례로 귀를 촉촉이 적셔 주고, 황홀한 기분에 두둥실 둘러싸여 꿈나라로 떠나면 다음 날 아침에도 미소를 지으며 잠에서 깨어날 수 있다. 칭찬은 자존감을 높여 준다. 쑥스러워하지 말고 내가 나를 칭찬해 주는 습관을 실천해 보자.

97 일단 조용히 심호흡을 한다

‘말투가 왜 그래? 그러면서 자기는 직설적이래. 이보세요. 직설이 아니라 독설이고 막말이랍니다!’

‘내가 무슨 부귀영화를 누리자고 저런 말까지 들으며 일해야 해?’

분노라는 감정은 자율신경의 균형을 크게 무너뜨리고 몸과 마음을 뒤숭숭하게 만든다.

말 한마디에 울컥하며 울분이 치밀어 오른다. 화를 느끼는 순간 실천하면 나를 살리는 루틴이 있다. 바로 ‘심호흡’이다. 일단 입을 다물고 천천히 호흡에 집중해 보자. 숨을 들이마시고 내뱉는 동작을 반복하자. 분노의 감정에는 재미난 특징이 있는데, 내가 화가 났다는 사실을 객관적으로 깨달으면 그 순간 분노 지수가 절반으로 뚝 떨어진다. 그렇기에 먼저 분노의 감정을 깨닫는 게 중요하다.

분노의 감정을 깨닫고 나면 크게 한 번 심호흡해서 부교감신경을 자극하자. 분노로 가득찬 몸과 마음의 긴장이 풀리며 까칠해진 기분이 둥글둥글해지는 느낌이 든다. 원인 제공자에게 한마디 쏘아붙이고 싶다면, 일단 심호흡부터! 분노로 이성을 잃고 막말을 쏟아내기보다 냉정하게 할 말을 골라 또박또박 전달하면 훨씬 효과적으로 대처할 수 있다.

98 내가 만들어낸 일이라고 생각한다

우리는 매일 온갖 짜증과 스트레스를 안고 산다. 스트레스의 원인은 사람에 따라 천차만별이다.

아무리 애를 써도 내 힘으로는 해결할 수 없는 일이 스트레스를 유발할 때도 있지만, 자신의 평소 행동이나 습관, 버릇 등이 스트레스를 일으키는 요인이 될 수도 있다. 내 손으로 내 목을 옭아매는 자승자박의 상황인데도 알아차리지 못하고 목을 조이는 손아귀에 도리어 힘을 주는 사람도 있다! 예를 들어 무슨 일이든 이를 악물고 해내려는 악바리 근성이 있는 사람은 아무래도 일을 버는 경향이 있다. 굳이 하지 않아도 될 일까지 떠맡아 끙끙대느라 스트레스를 꾸역꾸역 쌓는다. 여기에 완벽주의 성향까지 있으면 최악. 실수하지 않으려고 몇 번씩 점검하는 수고까지 더해져 노이로제에 걸릴 지경이다.

스트레스 중에는 이렇게 내 손으로 만들어 내는 스트레스도 적지 않다.

'아, 짜증 나! 또 같은 실수네!'

'괜찮아. 실수하지 않는 사람은 없어. 짜증은 내가 만들어 낸 감정이야.'

이렇게 내가 스트레스를 만들어 낸 것을 깨달으면 흐트러진 자율신경이 조금씩 균형을 되찾기 시작한다.

99 아침에 일어나서 30분에서 1시간 정도 산책한다

아침 산책에는 여러 효과가 있다. 첫째, 아침에 밖에 나가 햇볕을 쬐면 체내시계가 재설정되며 자율신경의 균형이 바로잡히는 효과가 있다. 햇볕으로 체내시계를 재설정하면 규칙적으로 생활할 수 있게 되어 자칫 흐트러지기 쉬운 자율신경의 균형을 바로잡을 수 있다. 둘째, 아침 산책은 행복 호르몬인 세로토닌 분비를 촉진하는 효과가 있다. 햇빛을 보며 산책하면 세로토닌 분비가 촉진되며 짜증과 불안감이 사라진다. 셋째, 아침에 걷기 운동을 하면 오전 중 업무와 학습 능률을 높일 수 있다. 몸을 움직이면 교감신경이 우위에 오며 뇌가 휴식 모드에서 활동 모드로 전환되어 효율적으로 업무와 공부에 집중할 수 있기 때문이다.

"오전에는 졸려서 앉아 있기도 벅찬데 산책을 하라고요? 점심 먹고 커피 한 잔 마셔야 슬슬 시동이 걸린다고요……."

아침형 인간이 아니라 매일 아침, 잠과의 전쟁을 벌이는 사람일수록 아침 산책 루틴이 필요하다. 이른 아침에는 비교적 햇살이 약해 자외선의 영향도 적게 받으며 산책을 즐길 수 있고, 근육과 뼈 건강에 도움이 되는 비타민 D 합성에도 도움이 된다. 아침 산책을 루틴으로 만들어 몸과 마음의 건강을 유지하자.

100 천천히 이야기한다

천천히 이야기하면 왜 짜증이 가라앉을까? 말하는 속도와 감정에는 상관관계가 있다. 천천히 말하면 불필요한 감정을 억제할 수 있다. 사람은 감정이 앞서면 아무래도 말이 빨라진다. 그래서 화가 나면 속사포처럼 말을 쏘아대는 사람이 많다.

반대로 천천히 이야기하면 감정 고조를 억제할 수 있어 감정에 휩쓸려 막말을 쏟아내 누군가에게 말로 상처를 줄 위험이 줄어든다.

또 천천히 말하면 부교감신경이 우위에 오며 자율신경의 균형을 바로잡을 수 있고, 말이 가진 힘을 최대한 발휘할 수 있다.

한마디 한마디 힘을 주어 천천히 말하면 듣는 사람에게 깊은 인상을 남길 수 있다. 상대방을 설득하고 싶다면 말하는 속도를 늦추어 보자.

대중에게 깊은 인상을 남긴 명연설을 들어 보면 말하는 속도가 평균보다 느리다. 천천히 말하기로 감정을 조절하고 설득력을 높여 보자!

맺음말

100일 동안 매일 한 가지씩 실천할 수 있는 100가지 루틴을 소개했다. 생각보다 너무 간단해서 피식 웃음이 나올 정도인 루틴도 많다.

아침 식단 바꾸기나 수면 시간 바로잡기 정도는 누구나 쉽게 당장 실천할 수 있는 루틴이다.

물 한 잔 마시기, 몸을 조이지 않는 옷 입기도 부담 없이 따라 해 볼 수 있다.

엘리베이터 대신 계단 이용하기, 전화나 이메일에 대응하는 나만의 원칙 정하기, 부정적인 뉴스와 거리 두기 등도 그리 어렵지 않게 실천할 수 있다.

'겨우 이 정도 루틴으로 나를 바꿀 수 있을까?'

나를 바꾸기 위해 뭔가 어렵고 대단하며 굳센 각오가 필요한 일을 해야 한다는 생각은 버리자.

일의 크기가 아니라 작은 일이라도 꾸준히 지속해 완전히 습관으로 만드는 게 중요하다. 쉽고 간단한 행동일수록 루틴으로 만들고자 하는 마음가짐이 중요하다.

지금까지 당신은 무의식적으로 '나쁜 루틴'을 반복해 왔다.

이 책을 읽고 당신의 '나쁜 루틴'을 깨달았다면 꼭 '바른 루틴'으로 바꾸어 보자. 나쁜 루틴을 자각하기만 해도 충분히 대단한 일이다.

삶의 무게가 어깨를 무겁게 짓누르는 날이 있다. 그런 날에는 이 책을 펼쳐 새로운 루틴을 실천해 보자. 바른 루틴을 삶에 들이는 것으로 내일 하루 희망을 품고 살아갈 힘을 얻을 것이다. 하루 한 가지씩이라도 상관없다. 마음에 드는 루틴을 골라 따라 해 보자.

이쯤 되면 내가 왜 이렇게 '루틴'에 집착하는지 그 이유가 궁금할 것이다.

나는 후쿠오카 시내의 응급 병원에서 햇병아리 의사로 일을 시작했다.

처음 2년 동안에는 뇌졸중이나 심근경색 등을 앓는 응급 환자를 주로 담당했다. 응급 의료 현장에서 구급차로 이송된 환자들의 건강 상태를 살피면서 공통점을 발견했다.

혈압, 혈당, 콜레스테롤 등의 수치가 높은 사람이 많았다는 점이다.

병원에 오기 전까지 건강하게 지내며 멀쩡히 걸어 다니던 사람이 갑자기 쓰러져 자리에서 일어나지 못하거나 휠체어 생활을 하게 되는 경우도 보았다. 거동이 불편해지면 회사에 사표를 내야 하고, 환자를 돌보기 위해 가족 누군가도 일을 그만두어야 한다.

그와 같은 안타까운 상황을 수없이 접하면서 평소 질병을 예방하는 루틴이 얼마나 중요한지 뼈저리게 깨달았다.

한 살이라도 젊을 때, 생활 루틴을 바로잡았더라면…….

몸과 마음의 주름을 반듯하게 펴는 방법을 알았더라면…….

그랬더라면 어쩌면 구급차로 이송되는 심각한 질병에 걸리지 않았을 수도 있다.

지금 젊고 건강한 사람이라면 당장 깨닫지 못할 수도 있다. 먼 훗날 늙고 병든다는 사실을 머리로는 잘 알고 있어도 지금 당장 내 발등에 떨어진 불을 끄는 게 급할 수 있다.

그러나 '지금의 나'와 '미래의 나'는 다른 사람이 아니다.

내 인생의 주인공은 '내'가 되어야 한다. 오늘의 내가 바른 루틴 한 가지를 실천하면, 미래의 내가 더 건강하고 아름다워질 수 있다.

부디 오늘부터 하루 한 가지씩 바른 루틴을 실천할 수 있기를.

구도 다카후미

참고문헌 · 인터넷 사이트

- 《읽으면서 날씬하고 건강해지는 냉증 극복》(やせる、不調が消える 読む 冷えとり, 石原新菜, 主婦の友社, 2017)
- 《여성의 병을 고치고 건강한 몸을 만드는 잡학 지식 백과》(オトナ女子の不調をなくすカラダにいいこと大全, 小池弘人, サンクチュアリ出版, 2015)
- 《셀프케어 도구상자》(セルフケアの道具箱, 伊藤絵美, 晶文社, 2020)
- 《바로잡는 습관》(整える習慣, 小林弘幸, 日本経済新聞出版, 2021)
- 《피곤해지지 않는 대백과》(疲れない大百科, 工藤孝文, ワニブックス, 2019)
- 《걸리지 않는 대백과》(かからない大百科, 工藤孝文, ワニブックス, 2020)
- 《건강 이상을 알리는 우리 몸 신호 도감》(不調を知らせるカラダサイン図鑑, 工藤孝文, WAVE出版, 2021)
- 구도 다카후미의 주치의 채널(工藤孝文のかかりつけ医チャンネル) YouTube 등

구겨진 나를 팍 펴주는 루틴 100가지

초판 1쇄 2022년 3월 14일
초판 17쇄 2024년 5월 3일
지은이 구도 다카후미
옮긴이 서수지
펴낸이 김순일
펴낸곳 도서출판 미래문화사
신고번호 제2014-000151호
신고일자 1976년 10월 19일

주 소 경기도 고양시 덕양구 삼송로 222, 현대헤리엇 업무시설동(101동) 301호
전 화 02-715-4507
팩 스 02-713-4805
이메일 mirae715@hanmail.net
홈페이지 www.miraepub.co.kr
블로그 blog.naver.com/miraepub

ISBN 978-89-7299-535-7 (03190)